KB199926

38년 목회에서 길어 올린 15가지 신앙 습관

뿌리 깊은 신앙

38년 목회에서 길어 올린 15가지 신앙 습관

뿌리 깊은 신앙

지은이 · 유재필
초판 발행 · 2017. 6. 19
등록번호 · 제1988-000080호
등록된 곳 · 서울특별시 용산구 서빙고로65길 38
발행처 · 사단법인 두란노서원
영업부 · 2078-3333 FAX 080-749-3705
출판부 · 2078-3331

책값은 뒤표지에 있습니다.
ISBN 978-89-531-2905-4 03230

독자의 의견을 기다립니다.
tpress@duranno.com www.duranno.com

두란노서원은 바울 사도가 3차 전도 여행 때 에베소에서 성령 받은 제자들을 따로 세워 하나님의 말씀으로 양육하던 장소입니다. 사도행전 19장 8-20절의 정신에 따라 첫째 목회자를 돕는 사역과 평신도를 훈련시키는 사역, 둘째 세계선교(TIM)와 문서선교(단행본 · 잡지) 사역, 셋째 예수문화 및 경배와 찬양 사역, 그리고 가정 · 상담 사역 등을 감당하고 있습니다. 1980년 12월 22일에 창립된 두란노서원은 주님 오실 때까지 이 사역들을 계속할 것입니다.

뿌리 깊은 신앙

38년 목회에서
길어 올린
15가지 신앙 습관

유재필 지음

두란노

차례

프롤로그

목양일념의 삶이어서 행복합니다

"복 있는 사람은 악인들의 꾀를 따르지 아니하며 죄인들의 길에 서지 아니하며 오만한 자들의 자리에 앉지 아니하고 오직 여호와의 율법을 즐거워하여 그의 율법을 주야로 묵상하는도다 그는 시냇가에 심은 나무가 철을 따라 열매를 맺으며 그 잎사귀가 마르지 아니함 같으니 그가 하는 모든 일이 다 형통하리로다 악인들은 그렇지 아니함이여 오직 바람에 나는 겨와 같도다 그러므로 악인들은 심판을 견디지 못하며 죄인들이 의인들의 모임에 들지 못하리로다 무릇 의인들의 길은 여호와께서 인정하시나 악인들의 길은 망하리로다"(시 1:1-6)

“나는 복 있는 사람입니다. 우리는 행복한 사람들입니다.”

예배드릴 때마다 가장 먼저 고백하는 믿음의 선포입니다. 믿음의 사람은 복 있는 사람입니다. 또한 그 복을 나눠 주는 행복한 사람들입니다.

> “이스라엘이여 너는 행복한 사람이로다 여호와의 구원을 너같이 얻은 백성이 누구냐 그는 너를 돕는 방패시요 네 영광의 칼이시로다 네 대적이 네게 복종하리니 네가 그들의 높은 곳을 밟으리로다”(신 33:29)

하나님께서 예수님에게 허락하신 모든 복을 하나님의 자녀 된 우리에게도 아낌없이, 남김없이 부어 주셨습니다. 뿐만 아니라 우리를 복의 근원이 되게 하겠다고 약속하셨습니다. 크리스천 가정이 아브라함과 이삭과 야곱으로 이어지는 신앙의 가문으로 거듭나 자자손손 요셉과 같이 형통의 복을 받아 누리기를, 더 나아가 오대양 육대주로 지경을 넓혀 가기를 소원하게 된 것도 바로 이 때문입니다.

38년 사역의 발자취를 돌아보니 제가 목양일념의 삶을 살 수 있었던 것은 전적으로 하나님의 은혜와 성령의 역사임을 고백합

니다. 특별히 순복음노원교회를 29년간 섬길 수 있었음을 감사드립니다. 순복음노원교회는 저의 심장과 같은 교회입니다. 저의 사랑과 열정, 충성이 오롯이 담긴 교회입니다.

일을 즐기는 사람은 누구도 이길 수 없다고 합니다. 저의 목회가 그랬습니다. 무언가를 계획하고 성취하기 위해 목회한 적은 없습니다. 단지 목회가 즐겁고 좋아서 열정과 사랑을 쏟았을 뿐입니다. 성령의 인도하심이 있었기에 지치지 않는 열정을 쏟을 수 있었습니다. 목회는 제 인생 자체입니다.

> "너희 중에 있는 하나님의 양 무리를 치되 억지로 하지 말고 하나님의 뜻을 따라 자원함으로 하며 더러운 이득을 위하여 하지 말고 기꺼이 하며 맡은 자들에게 주장하는 자세를 하지 말고 양 무리의 본이 되라"(벧전 5:2-3)

하나님만 바라보며 목양일념의 삶을 살 수 있었던 것은 제 인생 최고의 행복입니다. 만의 하나 38년 전으로 돌아가 다시 시작하라고 해도 이보다 더 잘할 자신은 없습니다. 진실과 충성을 다한 최고의 사역이었습니다.

신앙은 기초가 중요합니다. 기초가 튼튼하지 않으면 쉽게 무너지고 맙니다. 기도, 말씀, 감사 등 성경에서 강조하는 바를 따르고 지켜 행한다면 반석 위에 지은 집처럼 든든히 서 갈 것입니다. 뿌리 깊은 나무가 흔들리지 않듯이, 뿌리 깊은 신앙인은 거센 고난 속에서도 굳건히 서 있습니다.

이 책이 여러분의 신앙을 성장시키고 튼튼히 하는 데 조금이나마 도움이 되길 간절히 기도합니다.

제가 오직 목회에만 전념할 수 있었던 것은 수십 년을 하루같이 매일 밤 성전에 나가 눈물로 기도한 평생의 동반자인 아내 덕분입니다. 또한 언제나 묵묵히 순종하며 큰 힘이 되어 준 사랑하는 두 딸 덕분입니다. 그리고 무엇보다 기도와 사랑으로 한결같이 섬겨 준 순복음노원교회 성도들과 제직들, 교역자들 덕분입니다. 이분들 덕분에 그동안 저는 행복한 목회자로 살 수 있었습니다. 진심을 다해 감사드립니다. 그동안 이 책이 나올 수 있도록 물심양면으로 애써 준 교육연구소 추지혜 전도사에게도 감사의 마음을 전합니다.

2017년 6월

창립 29주년을 기념하며

유재필

Part
1

기초를
튼튼히
하는
뿌리 신앙

Chapter 1

은혜

나를 살리신
어메이징 그레이스

우리는 험악한 나그네 인생길을 가고 있습니다. 고통과 슬픔, 가난과 저주, 질병과 죽음이 우리 곁에 진치고 있습니다. 그러나 겁낼 것 없습니다. 우리는 천국 시민권자로서 사람의 손으로 짓지 아니한 신령한 집을 가지고 있기 때문입니다. 우리는 육신의 장막이 무너지면 신령한 몸으로 변화되어 영생 복락을 누리는 천국으로 갑니다. 이 믿음으로 살기에 두렵지 않습니다. 하나님은 이처럼 비밀스럽고 영광스러운 선물을 사랑이라는 보자기에 싸서 우리에게 안겨 주셨습니다.

엄청난 하나님의 사랑 안에서 우리는 죄와 허물을 용서 받고 의롭다 함을 얻었습니다. 예수 그리스도를 구주로 믿어 하나님의 자녀가 된 사실 하나 때문에 우리는 영원한 천국 시민이 되었습니다. 이 모든 은혜는 사랑 안에서 온전하게 됩니다.

사랑은 하나님께서 이 세상에 주신 최고의 선물입니다. 사랑은 생명의 시작이며 생명의 내용이고 생명의 결론입니다. 그러므로 사랑 없이는 생명이 존재할 수 없습니다. 사랑은 하나님의 시작과 끝, 알파와 오메가입니다.

"사랑하는 자들아 우리가 서로 사랑하자 사랑은 하나님께 속한 것이니 사랑하는 자마다 하나님으로부터 나서 하나님을 알고 사랑하지 아니하는 자는 하나님을 알지 못하나니 이는 하나님은 사랑이심이라"(요일 4:7-8)

"어느 때나 하나님을 본 사람이 없으되 만일 우리가 서로 사랑하면 하나님이 우리 안에 거하시고 그의 사랑이 우리 안에 온전히 이루어지느니라 그의 성령을 우리에게 주시므로 우리가 그 안에 거하고 그가 우리 안에 거하시는 줄을 아느니라"(요일 4:12-13)

'좋은 소문은 기어가고, 나쁜 소문은 날아간다'는 말이 있듯이 나쁜 소문일수록 순식간에 퍼져 나갑니다. 하지만 사랑의 수고를 아끼지 않는 사람들의 소문은 온 천지에 퍼집니다. 하나님께 택함 받은 자는 환난과 핍박 중에도 사랑의 수고를 그치지 않습니다.

하나님이
먼저 사랑하셨습니다

"하나님이 세상을 이처럼 사랑하사 독생자를 주셨으니 이는 그를 믿는 자마다 멸망하지 않고 영생을 얻게 하려 하심이라 하나님이 그 아들을 세상에 보내신 것은 세상을 심판하려 하심이 아니요 그로 말미암아 세상이 구원을 받게 하려 하심이라"(요 3:16-17)

하나님의 사랑의 수고는 독생자 예수 그리스도를 낮고 천한 세상에 보내 주신 데서 확증되었습니다. 하나님을 거역하여 떠난 인간을 위해 하나님은 독생자 예수 그리스도께 우리의 죄와 저주와 질병과 사망을 짊어지우셨습니다. 예수님은 십자가를 지심으로 우리의 속죄제물, 화목제물이 되셨습니다. 하나님은 자기 아들을 십자가에 못 박음으로써 누구든지 이 사실을 믿음으로 고백하면 하나님 앞에서 의롭다 함을 얻는다고 약속하셨습니다.

그러므로 우리의 구원은 그냥 된 일이 아닙니다. 하나님 자신이 육신을 입고 이 땅에 오신 사랑의 수고로 이뤄진 일입니다. 우리 죄를 대신 짊어지신 맹목적인 사랑의 수고로 이뤄진 일입니다.

"여호와께서 그에게 상함을 받게 하시기를 원하사 질고를 당하게 하셨은즉 그의 영혼을 속건제물로 드리기에 이르면 그가 씨를 보게 되며 그의 날은 길 것이요 또 그의 손으로 여호와께서 기뻐하시는 뜻을 성취하리로다 그가 자기 영혼의 수고한 것을 보고 만족하게 여길 것이라 나의 의로운 종이 자기 지식으로 많은 사람을 의롭게 하며 또 그들의 죄악을 친히 담당하리로다"(사 53:10-11)

창조주 하나님이 "자기 영혼의 수고한 것을 보고 만족하게 여길 것"이라고 합니다. 하나님은 왜 이런 수고를 기꺼이 하기로 작정하신 겁니까?

하나님의 형상과 모양을 따라 지음 받은 인간이 타락하여 마귀의 종이 되어 지옥으로 끌려가는 모습을 하나님께서는 두고 보실 수 없었습니다. 그래서 마귀의 손아귀에서 죄인 된 우리를 건져 내기로 작정하셨습니다.

하나님이 정하신 죄의 값은 사망입니다. 그러므로 이 죄의 문제를 해결하지 않고는 인간을 구원할 길이 없습니다. 날 때부터 죄인인 인간은 스스로 구원할 능력이 없습니다. 그래서 하나님은 죄로 인해 죽을 수밖에 없는 인간을 구원하기 위해 스스로 육신의 몸을 입고 이 세상에 오셨습니다. 하나님은 죄와 흠이 없으시기에 그분만이 죄 문제를 해결하실 수 있습니다.

하나님은 스스로 십자가에서 고난을 당하심으로 죄의 문제를 해결하고 우리를 구원으로 이끄셨습니다. 하나님은 이 일을 만족하게 여기십니다. 잃어버린 자를 다시 찾고, 죽었던 자가 다시 살게 된 그 기쁨이 하나님을 만족하게 하는 것입니다.

하나님은 예수님이 십자가에서 고난당하실 때 무엇을 하고 계셨을까요? 하늘이 빛을 잃고 어두워졌습니다. 또 땅이 진동하고 바위가 터졌습니다. 하나님은 그 순간 통곡하셨을 것입니다. 심장이 터질 것 같은 고통 가운데 피눈물을 흘리셨을 것입니다.

이렇듯 우리를 향한 하나님의 사랑은 한마디의 말씀으로 된 것이 아닙니다. 독생자 예수 그리스도를 십자가에 못 박는 고통을 치르시는 사랑의 수고로 우리를 사랑하신 것입니다. 이유는 단 하나, 우리의 구원을 위해서입니다. 하나님의 자녀가 되는 자격을 주시기 위해서입니다.

이 사랑과 은혜와 축복은 하늘을 두루마리 삼고 바다를 먹물 삼아도 다 쓸 수 없습니다. 이 사랑 안에서 믿음으로 사는 사람, 이 사랑을 성령으로 체험한 사람은 절대로 원망하고 불평할 수 없습니다. 절망도, 낙심도 할 수 없습니다. 세상을 탓할 수도 없습니다.

"믿음으로 말미암아 그리스도께서 너희 마음에 계시게 하시옵고 너희가 사랑 가운데서 뿌리가 박히고 터가 굳어져서 능히 모든 성도와 함께 지식에 넘치는 그리스도의 사랑을 알고 그 너비와 길이와 높이와 깊이가 어떠함을 깨달아 하나님의 모든 충만하신 것으로 너희에게 충만하게 하시기를 구하노라"(엡 3:17-19)

내 기분과 감정이 상했다고 하나님을 믿지 않겠다는 사람, 하나님이 없다고 말하는 사람은 예수 그리스도의 십자가 사랑과 은혜가 무엇인지 전혀 모르는 겁니다.

"우리가 아직 연약할 때에 기약대로 그리스도께서 경건하지 않은 자를 위하여 죽으셨도다 의인을 위하여 죽는 자가 쉽지 않고 선인을 위하여 용감히 죽는 자가 혹 있거니와 우리가 아직 죄인 되었을 때에 그리스도께서 우리를 위하여 죽으심으로 하나님께서 우리에 대한 자기의 사랑을 확증하셨느니라"(롬 5:6-8)

우리에게 조금이라도 선한 부분이 있습니까? 우리가 구원받을 만해서 하나님께서 우리를 구원하셨습니까? 아무 자격 없는 우리를 단지 사랑 하나 때문에 구원하신 것 아닙니까? 그런 놀라운 은혜를 받은 자로서 감사하며 살고 있습니까?

갓난아이와 같이 연약한 우리를 하나님께서 먼저 사랑하셨습니다. 백 번 천 번 사랑으로 품에 안아도 여전히 죄인인 우리를 하나님께서는 포기하지 않고 사랑하셨습니다. 사랑하시되 끝까지 사랑하셨습니다.

우리가 하나님과 원수 되었을 때도 그 아들 예수 그리스도를 십자가에 내어 주셨습니다. 살이 찢기고 피를 흘리면서도 우리에 대한 하나님의 사랑을 확증하셨습니다.

이 세상의 어떤 사상과 이념이 죄악에 사로잡힌 인간을 해방시킬 수 있습니까? 인간에겐 방법이 없기에, 세상의 권력이나 지식이나 황금으로 해결할 수 없기에 예수 그리스도를 십자가에 내어 주신 것입니다.

> "그러므로 이제 그리스도 예수 안에 있는 자에게는 결코 정죄함이 없나니 이는 그리스도 예수 안에 있는 생명의 성령의 법이 죄와 사망의 법에서 너를 해방하였음이라"(롬 8:1-2)

죄와 사망의 법에 끌려다니던 우리를 그리스도 예수 안에 있

는 생명의 성령의 법이 자유하게 하십니다. 이것은 하나님이 십자가에서 죽으심으로 치러 낸 사랑의 수고로 맺은 결실입니다.

나보다 남을 귀하게 여기는 것이 사랑입니다

사랑에는 반드시 수고가 따릅니다. 사랑하는 것이란 사람이 될 수도 있고 일이 될 수도 있습니다. 그것이 무엇이든 행복은 사랑하는 것을 위해서 기꺼이 고생을 감수합니다. 시간과 물질, 땀, 눈물, 몸으로 고생하는 것입니다. 이것이 바로 행복입니다.

명절이 되면 많은 사람들이 시골에 계신 부모님을 찾아뵈러 갑니다. 평소 2시간이면 갈 수 있는 거리도 10시간 혹은 그 이상도 걸려서 갑니다. 그런 수고가 바로 사랑입니다. 그렇게 길고 긴 여정도 행복인 것은 사랑하는 부모님을 만날 수 있기 때문입니다. 인생길에 고난을 만나더라도 천성을 향해 걸어가는 자는 절대 고단하지 않습니다. 오히려 행복하고 감사할 따름입니다.

간디는 "사랑은 세상에서 가장 신비한 에너지다"라고 했습니다. 돈과 외모, 명예, 권세가 세상에서는 힘과 능력이 될 수 있습니다. 그러나 사랑보다 더 위대한 힘은 없습니다. 사랑이야말로 놀랍고 신비한 힘입니다. 부귀영화를 누리는 사람도 사랑에 목마르고 배고픕니다. 찢어지게 가난해도 사랑을 줄 수 있는 능력이 있습니다. 이것이 사랑의 신비이며 힘입니다.

옛날 가난하던 시절에는 사는 형편만 나아지면 행복할 줄 알았습니다. 그런데 예전에 비하면 상상조차 할 수 없는 풍요를 누리는데도 왜 세상인심은 오히려 더 사나워졌을까요? 최고의 지식과 지성, 문명의 이기를 누리며 사는데도 왜 예전보다 더 각박하고 힘이 들까요? 행복의 동산이 되어야 할 가정은 왜 갈수록 무너지는 것일까요? 남편이 아내를, 아내가 남편을, 부모가 자식을 때려서 죽였다는 소식이 각처에서 들려옵니다. 그야말로 인면수심(人面獸心)의 사회입니다.

하지만 이렇게 강퍅한 사회에서도 사랑의 수고를 기꺼이 하는 사람들이 있습니다.

'서울 SOS 어린이 마을'은 친부모가 버린 아이들을 거두어 살다 보니 10여 채의 집이 생겼고 그것이 마을이 된 곳입니다. '평생 결혼하지 않고 아이들을 돌보겠다'는 서약을 하고 이 마을에 들어와 엄마가 되는 여인들은 가슴으로 아이들을 낳고 기르고 있습니다. 이중 가장 나이가 많은 정순희(58) 씨는 1986년부터 30년 동안 50명의 자식을 길렀습니다. 그 사이 장성해서 결혼한 자식도 있고 손주도 12명이나 생겼습니다.

친부모에게 버림받은 아이들을 키우는 일은 결코 녹록하지 않았습니다. 정순희 씨는 걸핏하면 학교에서 싸우거나 가출하는 아이들 때문에 속을 끓였습니다. 심지어 경찰서 출입까지 했습니다. 친엄마가 아니라서 저런다는 소리를 들을까 봐 큰소리 내기도 조심스러워 정순희 씨는 지난 세월 참 많이 울었다고 합니다. 그럼에도 그렇게 키운 자식들이 결혼해서 자녀를 낳고 키우면서 "엄마는 날 어떻게 키웠어?" 하며 자신의 노고를 알아주고 있으니 그것으로 만족한다고 합니다.

사랑의 수고는 바로 이런 것입니다. 가슴이 찢어져도 묵묵히 참고 인내하며 견뎌 내는 것입니다. 가정도 버리고 자식도 버리는 너무나 이기적인 사회에서 끌어안고 인내하며 가정을 세우는 이런 분들 때문에 세상은 살 만한 곳이 되고 있습니다.

뉴욕 메츠의 투수이자 몬트리올 엑스포스의 구원투수로 명성을 날린 야구선수 팀 버크는 한창 잘나가던 1991년에 돌연 야구계를 떠났습니다. 당시 그가 받던 연봉은 200만 달러, 한국 돈으로 22억 원이었습니다. 그런데 그가 은퇴한 이유는 놀랍게도 입양한 아이들을 돌보기 위해서였습니다. 더 놀라운 것은 그가 입양한 아이들 모두가 장애가 있었다는 것입니다.

큰딸 스테파니는 한국에서 조산아로 태어나 심장에 구멍이 뚫려서 부모에게 버림을 받았습니다. 둘째 라이란은 과테말라에서 온 남자아이인데 갑상선과 정신에 문제가 있었습니다. 셋째 니콜은 첫째 스테파니처럼 한국 여자아이로, 태어날 때부터 오른손이 없고, 심장에 문제가 있으며, 간질이 있어 하루에도 수십 번 발작을 했습니다. 넷째 웨인은 베트남 남자아이로, 내반족을 앓고 길거리에 버려졌습니다.

지난 1991년, 버크는 몬트리올 엑스포스에서 뉴욕 메츠로 이적되어 뉴욕으로 떠나야 했는데, 그때 마침 셋째 니콜의 심장수술이 있었습니다. 수술을 받은 지 1시간도 못 되어 니콜이 사경을 헤매게 되었고, 버크는 안절부절못하는 아내를 남겨 두고 홀로 뉴욕으로 떠날 수 없었습니다. 그때 버크는 자기가 있을 곳은 야구장이 아니라 아이들과 아내가 있는 가정이라고 여겨 은퇴를 결심했습니다.

"내가 없어도 야구는 잘되어 갈 것입니다. 그러나 내 아이들은 아버지가 필요합니다. 그들을 돌봐 줄 사람은 나밖에 없습니다."

버크가 기자들에게 한 말입니다. 그의 곁에 있던 아내도 한마디 했습니다.

"우리 아이들은 세상이 원치 않는 아이들일 거예요. 그렇지만 그 생명을 누군가 돌보아야 한다고 믿습니다. 우리는 뜨거운 가슴으로 그 일을 해낼 수 있을 것입니다. 우리는 이 아이들의 운명을 바꾸어 놓았습니다. 왜냐하면 누가 돌봐주지 않으면 죽을 아

이들이었으니까요. 그러나 우리 부부가 양육하면서 깨달은 것은 오히려 이 아이들이 우리의 운명을 바꾸어 놓았다는 사실입니다. 이 아이들은 우리에게 감사를 알게 하고, 행복을 깨닫게 해 주었습니다. 그리고 고통을 극복할 힘을 주고 참 사람이 되게 해 주었습니다."

사랑의 수고는 인생에 손해를 가져오지 않습니다. 인생을 초라하게 만들지도 않습니다. 사랑의 수고야말로 최상 최고의 선물이며 축복입니다.

헤르만 헤세의 소설《어거스트》(Augustus)를 보면 사랑이 축복이며 최고의 선물임을 알 수 있습니다. 어거스트는 태어났을 때 한 노인의 축복을 받았는데 그것은 '누구에게나 사랑받는 축복'이었습니다. 어거스트는 부모와 선생님, 친구들과 이웃에게서 더없는 사랑을 받고 자랐습니다. 그렇게 언제든지 사랑받다 보니 정작 어거스트는 사랑을 베풀 줄 몰랐습니다. 교만해졌고 다른 사람을 무시하기도 했습니다. 어거스트가 노인이 되어 가던 어느 날, 한 노인이 찾아와 한 가지 소원을 말하면 들어주겠다고 했습니다. 이때 어거스트는 이렇게 대답했습니다.

"지금부터는 모든 사람을 사랑하는 사람이 되게 해 주세요."

사랑은 받는 것이 아니라 주는 것입니다. 사랑을 받기만 원하는 사람을 사랑할 사람은 아무도 없습니다. 사랑은 상대방이 아닌 내가 먼저 하는 것입니다. 사랑은 나보다 남을 더 귀하고 소중하게 여기는 것입니다.

사랑할 수 없는 것까지 사랑하십시오

어느 날 바리새인들과 서기관들이 예수님께 묻습니다. 왜 유대인들의 최고 유산인 모세의 율법을 가르치지 않느냐는 질문이었습니다. 이는 당신이 추구하는 최고의 가치는 무엇이며, 사람들에게 가르치고자 하는 최고의 교훈이 무엇이냐고 묻는 것이었습니다. 이때 예수님이 말씀하십니다.

> "그중의 한 율법사가 예수를 시험하여 묻되 선생님 율법 중에서 어느 계명이 크니이까 예수께서 이르시되 네 마음을 다하고 목숨을 다하고 뜻을 다하여 주 너의 하나님을 사랑하라 하셨으니 이것이 크고 첫째 되는 계명이요 둘째도 그와 같으니 네 이웃을 네 자신같이 사랑하라 하셨으니 이 두 계명이 온 율법과 선지자의 강령이니라"(마 22:35-40)

예수님은 모든 가르침의 근본을 지극히 간단하게 요약해 주셨습니다.

첫째는 마음과 목숨과 뜻을 다하여 창조주 하나님을 사랑하고, 둘째는 네 이웃을 사랑하라는 것입니다.

이것이 모든 율법과 철학과 윤리와 도덕의 핵심입니다. 이런 사랑이 어떻게 가능하겠습니까? 내 성격과 성품으로는 도저히 할 수 없다고 생각하십니까? 아닙니다. 분명히 할 수 있습니다.

> "어느 때나 하나님을 본 사람이 없으되 만일 우리가 서로 사랑하면 하나님이 우리 안에 거하시고 그의 사랑이 우리 안에 온전히 이루어지느니라 그의 성령을 우리에게 주시므로 우리가 그 안에 거하고 그가 우리 안에 거하시는 줄을 아느니라"(요일 4:12-13)

나는 할 수 없지만 내 안에 하나님의 사랑이 거하면 할 수 있습니다. 하나님의 사랑이 우리를 온전한 사람으로 만듭니다. 이 일은 성령으로 가능합니다. 성령이 내 마음에 오셔서 내 영과 마음과 생각을 주장하면 이와 같은 사랑의 수고가 쏟아져 나옵니다. 사랑할 수 없는 것까지도 사랑할 수 있는 신비한 힘이 나옵니다.

예수 믿고 교회 다니는 것은 쉽습니다. 가만히 앉아서 예배만 드리는 것은 전혀 어렵지 않습니다. 하지만 사랑의 수고에는 반드시 눈물과 땀이 있어야 합니다. 때로는 피를 흘릴 때도 있습니다. 멸시와 천대, 비웃음과 온갖 모욕을 당하기도 합니다. 그럼에도 불구하고 내 안에 계신 성령께서 하나님의 사랑으로 강권하시므로 사랑의 수고를 멈출 수 없습니다.

> "누구든지 하나님을 사랑하노라 하고 그 형제를 미워하면 이는 거짓말하는 자니 보는 바 그 형제를 사랑하지 아니하는 자는 보지 못하는 바 하나님을 사랑할 수 없느니라"(요일 4:20)

사랑의 수고는 내 가정에서부터 시작되어야 합니다. 내 가정과 교회에서 가장 먼저 사랑의 향기를 발산하시기 바랍니다. 그 향기를 온 천지에 퍼지게 하십시오.

볼품이 없어도 괜찮습니다. 명품으로 치장하지 않아도 괜찮습니다. 모두가 우러러볼 만한 명예와 권세가 없어도 상관없습니다. 묵묵히 사랑의 수고를 할 줄 아는 사람에게는 사랑의 향기가 있습니다. 사랑의 향취에 취해 따라오는 돕는 손길도 있습니다. 하나님의 손길이 따르게 되어 있습니다.

사랑의 수고는 하나님의 자녀 된 우리에게 최고의 가치이며 영원한 것입니다. 우리 모두 사랑의 수고를 아끼지 않는 아름다운 소문의 주인공이 되기를 소원합니다.

Chapter 2

믿음

신앙은 믿음대로 됩니다

예수 그리스도의 생애를 기록한 사복음서에는 예수님의 행적과 각종 치유 이적이 잘 나타나 있습니다. 예수님의 발길이 닿는 곳마다 치유와 기적의 역사가 일어났습니다. 예수님이 행하신 일들을 보면서 많은 사람들이 기이히 여기고 놀랐습니다. 그런데 예수님이 사람의 말을 듣고 기이히 여기며 놀란 일이 있습니다. 바로 로마 백부장의 말을 듣고 나서였습니다. 예수님은 그의 무엇을 보고 그토록 놀랍게 여기신 것일까요?

믿는 자는
주위를 놀라게 합니다

"예수께서 가버나움에 들어가시니 한 백부장이 나아와 간구하여 이르되 주여 내 하인이 중풍병으로 집에 누워 몹시 괴로워하나이다 이르시되 내가 가서 고쳐 주리라"(마 8:5-7)

백부장은 자기 하인을 친자식처럼 사랑하고 아끼는 겸손한 사람이었습니다. 예수님을 만나러 온 이유도 병을 앓고 있는 그의 하인 때문이었습니다. 사실 백부장이 예수님을 찾아간 사실이 외부에 알려지면 불이익을 당할 수도 있었습니다. 망신을 당할지도 모릅니다. 그런데도 그는 자기 자녀나 가족의 문제도 아니고, 성공이나 진급과 관련된 일 때문도 아닌 그가 부리는 하인 때문에 예수님께 달려왔습니다. 그러고는 하인의 병을 고쳐 달라고 간청했습니다. 절대적인 신뢰가 없다면 불가능한 요청입니다. 더구나 그는 이방인입니다.

그런데 다음 순간, 깜짝 놀랄 만한 일이 벌어졌습니다. 그의 요청에 예수님이 "그러마" 하고 길을 떠나려는데 그가 기상천외한 말을 한 것입니다.

> "백부장이 대답하여 이르되 주여 내 집에 들어오심을 나는 감당하지 못하겠사오니 다만 말씀으로만 하옵소서 그러면 내 하인이 낫겠사옵나이다"(마 8:8)

당시 유대인들은 절대로 이방인의 집에 들어가지 않았습니다. 이방인 역시 꺼리는 일이었습니다. 이것이 상식이고 전통이었습니다. 이를 잘 아는 백부장이 예수님께 오직 말씀으로만 고쳐 달라고 요청합니다. 여기서 한 걸음 더 나아가 이렇게 말합니다.

"나도 남의 수하에 있는 사람이요 내 아래에도 군사가 있으니 이더러 가라 하면 가고 저더러 오라 하면 오고 내 종더러 이것을 하라 하면 하나이다"(마 8:9)

백부장이 예수님의 마음을 은근히 떠보거나 시험하는 것이 결코 아닙니다. 상식적인 사람이라면 어떻게 말만 하면 병이 나을 것이라고 확신에 차서 말할 수 있겠습니까? 그의 말은 비이성적이고 비합리적입니다. 요샛말로 4차원의 사람입니다.

그런데 이 같은 백부장의 말은 하나님의 영이신 성령께서 그의 마음속에 임하셨기에 가능한 믿음의 고백입니다. 성령께서 주시는 마음과 말을 예수님 앞에 있는 그대로 토로한 것입니다.

예수님은 그 말을 들으시고 "네 믿은 대로 될지어다"라고 선포하셨습니다.

"그러므로 내가 너희에게 알리노니 하나님의 영으로 말하는 자는 누구든지 예수를 저주할 자라 하지 아니하고 또 성령으로 아니하고는 누구든지 예수를 주시라 할 수 없느니라"(고전 12:3)

"십자가의 도가 멸망하는 자들에게는 미련한 것이요 구원을 받는 우리에게는 하나님의 능력이라"(고전 1:18)

성령이 아니고서는 누구도 예수를 주로 고백할 수 없습니다. 십자가의 도가 멸망하는 자들에게는 미련한 것이나 구원을 얻은 우리에게는 하나님의 능력입니다. 백부장의 마음에 감동을 일으켜 놀라운 고백을 하게 하신 것처럼 하나님은 지금도 우리 안에서 말씀으로 일하십니다.

그 현장에는 중풍병으로 죽어 가는 하인이 없었습니다. 단지 그의 병을 안타깝게 여겨 예수님께 찾아온 백부장밖에 없었습니다. 과연 백부장은 어떻게 말씀만 하면 병이 나을 것이라고 말할 수 있었을까요?

백부장에게 그만한 믿음이 있었기 때문입니다. 백부장은 예수님이 말씀만 하시면 하인에게 기적이 일어날 것이라고 믿었습니다. 정말 대단한 믿음입니다.

이방인이 이런 믿음을 가지고 있는데, 제자들은 어땠습니까? 부활하신 예수님이 제자들을 찾아와 말씀을 가르치셨을 때의 일입니다. 그런데 마침 그 자리에는 도마가 없었습니다. 몇 시간 후 도마가 왔을 때 제자들이 예수님의 부활 소식을 전했습니다. 하지만 도마는 자기 눈으로 확인하지 않고는 그분이 예수님이라고 확신할 수 없다고 말합니다. 도마는 제자들이 허상을 본 것이라고 생각해서 자신이 직접 예수님 손의 못 자국을 보고, 자신의 손가락을 그 못 자국에 넣어 보고, 주님의 옆구리에 손을 넣어 보지 않고는 믿을 수 없다 합니다.

여드레 뒤 제자들과 도마가 함께 있을 때 예수님이 다시 오셔서 도마에게 말씀하십니다.

> "도마에게 이르시되 네 손가락을 이리 내밀어 내 손을 보고 네 손을 내밀어 내 옆구리에 넣어 보라 그리하여 믿음 없는 자가 되지 말고 믿는 자가 되라"(요 20:27)

이때 도마는 "나의 주님이시요 나의 하나님이시니이다"라고 고백했습니다. 그러자 예수님은 이렇게 말씀하셨습니다.

> "예수께서 이르시되 너는 나를 본 고로 믿느냐 보지 못하고 믿는 자들은 복되도다 하시니라"(요 20:29)

2천 년 전, 이 땅에 오신 예수님을 우리는 본 적도, 그 말씀을 직접 들은 적도 없습니다. 그럼에도 불구하고 기록된 하나님의 말씀을 풀어서 설교하는 설교자의 말을 사람의 말이 아닌 하나

님의 말씀으로 들을 때 역사와 기적이 일어납니다. "나의 주님이시요 나의 하나님이시니이다"는 고백을 믿음으로 하게 됩니다.

> "태초에 말씀이 계시니라 이 말씀이 하나님과 함께 계셨으니 이 말씀은 곧 하나님이시니라"(요 1:1)

> "말씀이 육신이 되어 우리 가운데 거하시매 우리가 그의 영광을 보니 아버지의 독생자의 영광이요 은혜와 진리가 충만하더라"(요 1:14)

> "믿음으로 모든 세계가 하나님의 말씀으로 지어진 줄을 우리가 아나니 보이는 것은 나타난 것으로 말미암아 된 것이 아니니라"(히 11:3)

하나님은 말씀하는 분이십니다. 말씀이 곧 하나님이십니다. 이 세상 우주만물이 보이지 않는 하나님의 말씀과 능력과 권세로 나타났습니다. 하나님의 말씀은 절대로 흩어지거나 사라지지 않습니다. 지금도 말씀을 믿고 순종하는 자에게 주님께서 친히 최종 결제를 해주십니다. 믿은 대로 될 것이라고 말씀하십니다.

믿음에는
증거가 있습니다

하나님의 위대하심과 선하심을 맛보아 체험하기 원합니까? 사랑받고 치료 받고 복 받기를 원합니까? 무엇보다 먼저 하나님의 말씀에 권세가 있음을 인정하기 바랍니다.

하나님의 말씀이 곧 하나님의 권능이요 능력입니다. 하나님은 어제나 오늘이나 영원토록 말씀으로 일하십니다. 말씀으로 없는 것을 있는 것같이 부르시며 죽은 자를 살리십니다. 성경 말씀을 로고스라고 합니다. 기록된 하나님의 말씀이라는 뜻입니다. 그런데 성경을 읽거나 설교를 들을 때 내 마음과 영으로 들리는 말씀이 있습니다. 이것을 '레마'라고 합니다. 기록된 하나님의 말씀에 성령이 임하면 그 말씀이 내 마음과 영혼에 들립니다.

> "하나님의 말씀은 살아 있고 활력이 있어 좌우에 날선 어떤 검보다도 예리하여 혼과 영과 및 관절과 골수를 찔러 쪼개기까지 하며 또 마음의 생각과 뜻을 판단하나니 지으신 것이 하나도 그 앞에 나타나지 않음이 없고 우리의 결산을 받으실 이의 눈앞에 만물이 벌거벗은 것같이 드러나느니라"
> (히 4:12-13)

성경 말씀이 어떻게 살아 있고 운동력이 있습니까? 말씀에 성령이 임하면 생명력 있게 됩니다. 그러나 말씀을 읽고 듣고 배워도 나와 상관없으면 그저 오랜 역사책에 불과합니다. 성경 지식은 있으나 삶에 아무런 변화가 없다면 하나님의 말씀은 여러 지식 중 하나에 불과합니다.

말씀이 내 안에서 살아 있고 운동력 있으려면 성령이 임해야 합니다. 읽고 듣고 배울 때 깨달아지고 삶에 변화가 생긴다면 성령이 임한 것입니다.

데살로니가 교회 성도들에게는 놀라운 믿음의 역사가 있었습니다. 그 증거로 사랑의 수고가 넘쳐 났으며, 어려움 속에서도 절망하거나 낙심하지 않는 소망의 인내가 있었습니다. 고난 중에도 불퇴전의 믿음으로 인내하는 이 힘은 어떻게 생긴 것일까요?

> "이러므로 우리가 하나님께 끊임없이 감사함은 너희가 우리에게 들은 바 하나님의 말씀을 받을 때에 사람의 말로 받지 아니하고 하나님의 말씀으로 받음이니 진실로 그러하도다 이 말씀이 또한 너희 믿는 자 가운데에서 역사하느니라"
>
> (살전 2:13)

듣는 것만으로는 족하지 않습니다. 하나님의 말씀을 믿음으로,

마음으로, 가슴으로 받아야 합니다. 요한계시록은 "귀 있는 자는 성령이 교회들에게 하시는 말씀을 들을지어다"라고 거듭 강조합니다.

"이 말씀이 또한 너희 믿는 자 가운데에서 역사하느니라"를 새번역성경은 "이 하나님의 말씀은 또한, 신도 여러분 가운데서 살아 움직이고 있습니다"라고 번역했습니다. 하나님의 말씀으로 받을 때 역사와 기적이 일어납니다. 하나님의 말씀이 우리 속에 살아 움직일 때 놀라운 은혜가 임합니다.

어느 교회 앞에서 슈퍼마켓을 운영하는 주인이 있었습니다. 이 주인은 교회에 새로 부임한 목사님이 설교를 아주 잘한다며 가게에 오는 손님들에게 입에 침이 마르도록 칭찬했습니다. 교회에 다니는 사람이건 다니지 않는 사람이건 가리지 않고 말입니다. 그러던 어느 날 한 손님이 슈퍼마켓 주인에게 물었습니다.

"그 목사님이 그렇게 설교를 잘하세요? 그럼 지난주에는 어떤 설교를 하셨나요?"

질문을 들은 주인이 다소 의외의 대답을 했습니다.

"글쎄요, 한 번도 들어 본 적이 없어서 잘 모르겠는데요. 저는 장사하느라 바빠서 교회 나갈 시간이 없거든요."

손님은 어이가 없었습니다.

"지금까지 설교를 한 번도 들어 본 적이 없다는 말입니까? 아니, 그럼 새로 오신 목사님이 설교를 잘하시는 걸 어찌 압니까?"

그러자 주인은 빙그레 웃으면서 대답했습니다.

"저 교회 다니는 사람들이 새 목사님이 오신 후부터 외상값을 아주 잘 갚거든요. 그리고 교인들의 표정이 달라졌어요. 교인들이 바뀐 걸 보면 설교를 잘하는 것 아닌가요?"

하나님의 말씀을 믿으면 반드시 변화와 역사가 일어납니다.

어느 날 예수님이 호숫가에서 설교를 하셨습니다. 예수님을 에워싼 사람들이 인산인해를 이뤄 말씀을 들었습니다. 그때 예수님의 눈에 작은 배가 들어왔습니다. 예수님은 배를 호숫가에서 조금 떼어 놓게 하고 사람들을 언덕에 앉게 한 다음 그 배에 앉아서 말씀을 나누셨습니다. 호숫가에서 언덕 쪽으로 바람이 불자 말씀이 멀리까지 전달되었습니다.

설교를 마치신 뒤 예수님이 이 배의 주인인 시몬에게 말씀하셨습니다.

"깊은 데로 가서 그물을 내려 고기를 잡으라"(눅 5:4)

밤새 고기를 잡았으나 한 마리도 잡지 못해 기운이 빠진 시몬이 예수님의 명령에 이렇게 대답했습니다.

"시몬이 대답하여 이르되 선생님 우리들이 밤이 새도록 수고하였으되 잡은 것이 없지마는 말씀에 의지하여 내가 그물을 내리리이다 하고 그렇게 하니 고기를 잡은 것이 심히 많아 그물이 찢어지는지라 이에 다른 배에 있는 동무들에게 손짓하여 와서 도와 달라 하니 그들이 와서 두 배에 채우매 잠기게 되었더라"(눅 5:5-7)

시몬이라는 베드로는 어부로 잔뼈가 굵은 사람입니다. 물결만 보아도 고기가 어디쯤에 있을지 알아볼 수 있는 베테랑 어부였습니다. 맑고 깨끗한 호수에서 벌건 대낮에 그물을 내리는 어리석은 어부는 없었습니다. 더구나 예수님은 목수의 아들로서 고기 잡는 일에는 문외한이었습니다. 베드로는 얼마든지 자기 경험과 지식을 근거로 부질없는 행동이라고 거부할 수도 있었습니다. 그러나 그는 자기의 실전 경력이나 상식을 전혀 고집하지 않았습니다. 오직 말씀에 의지해서 순종의 그물을 내렸습니다.

말씀대로 행하니 그물이 차고도 넘쳐 찢어질 정도로 엄청난 양의 고기가 잡혔습니다. 자기 배는 물론 친구의 배까지 가득 채워졌습니다. 이것이 예수님을 주로 믿는 성도들의 믿음의 증거요 체험입니다.

믿음은 대신 가질 수 없습니다

백부장의 이야기를 듣고 예수님은 말씀하십니다.

> "예수께서 들으시고 놀랍게 여겨 따르는 자들에게 이르시되 내가 진실로 너희에게 이르노니 이스라엘 중 아무에게서도 이만한 믿음을 보지 못하였노라 또 너희에게 이르노니 동서로부터 많은 사람이 이르러 아브라함과 이삭과 야곱과 함께 천국에 앉으려니와 그 나라의 본 자손들은 바깥 어두운 데 쫓겨나 거기서 울며 이를 갈게 되리라"(마 8:10-12)

이스라엘 백성은 하나님께 선택 받은 민족이라는 선민의식이 매우 강합니다. 그들이 믿는 하나님은 아브라함과 이삭과 야곱의 하나님입니다. 즉 그들 조상의 하나님입니다. 또한 그들은 세상이 멸망해도 자신들은 하나님께서 직접 돌봐 주신다는 확고한 신앙을 갖고 있었습니다.

그런 이스라엘 백성에게 예수님은 청천벽력 같은 말씀을 하십니다. 이스라엘에서 이방인인 백부장과 같은 믿음을 가진 자가 없었다면서, 아브라함과 이삭과 야곱의 후손이라 자랑하는 이들이 하나님께 버림받을 것이라는 말씀입니다. 유대인들로선 충격적이고 모욕적인 말이 아닐 수 없었습니다.

우리 역시 부모의 믿음이 좋다고 그 자녀까지 구원을 얻는다고 생각하지 않습니다. 각 개인이 예수님을 구주로 영접하고 그 이름을 부르며 거듭나야 구원을 받는다고 믿습니다. 당시 예수님의 말씀도 이런 의미였습니다. 구원은 혈통, 민족, 문화, 종교, 철학과 아무 상관이 없습니다. 예수님을 영접하는 자 곧 그 이름을 믿는 자들이 하나님의 자녀가 됩니다.

교회 다닌다고 해서 구원을 얻는 것이 아닙니다. 매주 예배를 드린다고 해서 구원을 얻는 것이 아닙니다. 당시 이스라엘 백성도 절기마다 제사를 지냈고 하루에 세 번 기도했으며 하나님의 선택 받은 백성이라는 확고한 신앙도 있었습니다. 하지만 그것으로는 구원받을 수 없다고 예수님은 말씀하십니다.

이 말씀은 당시 이스라엘 백성에게도 심각한 도전이었겠지만 오늘 우리에게도 심각한 도전이 됩니다. 내 가족이 믿지 않는다면, 내가 그들에게 복음을 전하지 않는다면 그것은 활활 타오르는 불길 속에 있는 내 가족을 구경만 하고 있는 것과 같습니다. 이 말씀에 도전 받지 않는다면 이 말씀 때문에 예수님을 미워한 이스라엘 백성이 곧 우리가 될 것입니다.

마태복음 8장 12절을 메시지성경은 이렇게 번역했습니다.

> "믿음 안에서 자랐으나 믿음이 없는 사람들은 무시당하고 은혜에서 소외된 자들이 되어, 이게 어찌된 일인지 의아해 할 것이다."

기독교 집안에서, 믿음의 분위기 속에서 자랐다고 해서 믿음이 거저 주어지는 것이 아닙니다.

마지막 때에 하나님께서 우리를 부르십니다. 부르신 그곳으로 부모의 옷자락을 잡고 믿음의 자녀들이 천국에 들어가려고 합니다. 그때 천사들이 그들의 앞을 막아섭니다. 부모는 천국에 들어가나 자녀들은 바깥 어두운 곳으로 쫓겨납니다. 예수님이 친히 하신 말씀입니다.

아브라함의 하나님, 이삭의 하나님, 야곱의 하나님, 나의 하나님이라는 말은 혈통으로 유전된 것이 아니라 오직 믿음으로 세워지는 것입니다.

하나님의 무한하신 능력은 우리가 믿는 만큼 나타납니다. 온전히 믿으면 온전한 능력으로 나타납니다. 믿음대로 되는 것이 바로 신앙의 원리입니다.

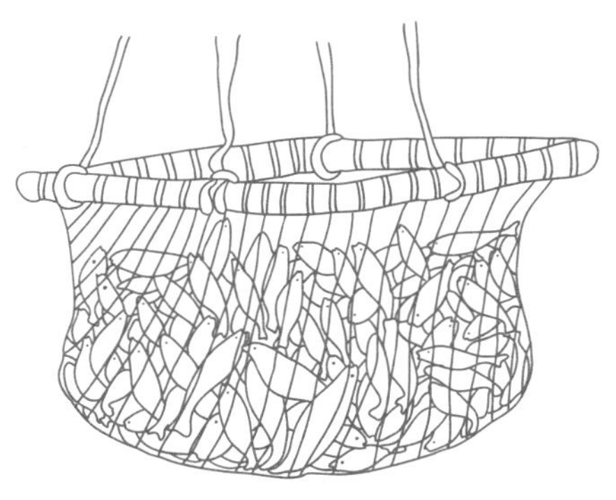

Chapter 3

충성

하나님 마음을 시원케 하는 사람입니까?

어느 돈 많은 주인이 외국으로 여행을 떠나면서 집에 있는 종들에게 각각 다른 분량의 달란트를 맡겼습니다. 종들의 재능에 따라 주인의 소유를 다섯 달란트, 두 달란트, 한 달란트씩 맡겼습니다.

> "또 어떤 사람이 타국에 갈 때 그 종들을 불러 자기 소유를 맡김과 같으니 각각 그 재능대로 한 사람에게는 금 다섯 달란트를, 한 사람에게는 두 달란트를, 한 사람에게는 한 달란트를 주고 떠났더니 다섯 달란트 받은 자는 바로 가서 그것으로 장사하여 또 다섯 달란트를 남기고 두 달란트 받은 자도 그같이 하여 또 두 달란트를 남겼으되 한 달란트 받은 자는 가서 땅을 파고 그 주인의 돈을 감추어 두었더니"(마 25:14-18)

유진 피터슨의 메시지성경에서는 우리가 이해하기 쉽도록 다섯 달란트, 두 달란트, 한 달란트를 5천만 원, 2천만 원, 천만 원으로 번역했습니다.

몇 년 후 드디어 주인이 돌아왔습니다.

주인은 그동안 종들의 수고를 치하하며 지금까지 그들이 한 일을 결산하였습니다. 우리도 언젠가는 하나님께서 맡겨 주신 것에 대해 결산할 때가 올 것입니다. 열과 성을 다하여 충성했다면 이때 걱정할 일도, 후회할 일도 없을 것입니다.

본문에는 5천만 원 받은 사람, 2천만 원 받은 사람, 천만 원 받은 사람의 태도와 모습이 그려져 있습니다.

종의 직분은
충성입니다

5천만 원 받은 종과 2천만 원 받은 종이 각각 이익을 남기자, 주인은 그들을 칭찬합니다.

> "그 주인이 이르되 잘하였도다 착하고 충성된 종아 네가 적은 일에 충성하였으매 내가 많은 것을 네게 맡기리니 네 주인의 즐거움에 참여할지어다 하고"(마 25:21, 23)

메시지성경에는 이렇게 번역되어 있습니다.

> "주인이 그를 칭찬했다. '수고했다! 일을 잘했구나! 지금부터 내 동업자가 되어라'"(마 25:21)

주인은 칭찬과 함께 그를 동업자라고 칭했습니다. 예수 그리스도를 믿어 하나님의 자녀가 되면 성령 충만한 권능을 받습니다. 예루살렘과 유다와 땅끝까지 이르러 복음을 전하는 예수 그리스도의 증인이 됩니다. 예수님의 동업자가 되었기 때문입니다.

> "볼지어다 내가 세상 끝 날까지 너희와 항상 함께 있으리라 하시니라"(마 28:20)

예수를 믿는다는 것은 장로, 권사, 안수집사로 직분 받는 것을 의미하지 않습니다. 예수님과 동업하는 것을 말합니다. 어떤 동업입니까? 천하와도 바꿀 수 없는 한 영혼을 구원하는 일입니다. 마귀의 종에서 하나님의 자녀로 신분을 바꾸는 천국 사업의 동업자입니다.

주인은 떠나면서 종들에게 "각각 재능대로" 돈을 맡겼습니다. 종들에게 일을 맡기는 것은 전적으로 주인의 권한입니다. 종들은

주인의 권한에 왈가왈부할 수 없습니다. 종에게는 맡겨진 일이 마음에 안 든다고 항의할 수 있는 권한이 없습니다.

주인은 무능한 사람이 아닙니다. 누구보다 종들의 성향과 성품, 능력과 자질을 잘 알고 있습니다. 주인은 종의 재능과 능력대로 각각 다른 분량의 달란트를 맡겼습니다.

받는 사람의 입장에서는 차별이라고 생각할 수 있지만 주인의 눈은 틀림없습니다. 우리 하나님은 일점일획도 거짓이나 실수 없이 정확하게 판단하십니다. 그러므로 종이 할 수 있는 일은 충성뿐입니다.

> "사람이 마땅히 우리를 그리스도의 일꾼이요 하나님의 비밀을 맡은 자로 여길지어다 그리고 맡은 자들에게 구할 것은 충성이니라"(고전 4:1-2)

우리의 주인 되시는 하나님은 맡기신 일을 감당할 수 있는 지혜와 능력도 함께 주십니다.

성경에는 '최선'이라는 말이 없습니다. 이는 신앙적인 용어가 아닙니다. 최선을 다하는 것이 아니라 죽도록 충성하는 것입니다. 최선은 나의 기준입니다. 하나님의 기준에 맞추려면 최선이 아닌 충성을 해야 합니다. 주인이 맡기신 일에 목숨을 바쳐 헌신

하는 것이 믿음이며 종의 태도입니다.

"내 눈이 이 땅의 충성된 자를 살펴 나와 함께 살게 하리니 완전한 길에 행하는 자가 나를 따르리로다"(시 101:6)

하나님 아버지는 인물, 학벌, 기술, 재능, 말솜씨 등을 따지지 않으십니다. 조건이나 외모가 아닌 오직 우리 마음의 중심을 보십니다. 하나님은 오히려 약한 자를 들어 강하게 하십니다. 어리석은 자를 들어 지혜로운 자를 부끄럽게 하시고, 없는 자를 들어 부요케 하십니다. 그리고 하나님께 충성하는 사람을 일꾼 삼으십니다.

"열두 가지 재주 가진 놈이 저녁거리가 간 데 없다"는 옛말이 있습니다. 여러 방면의 재주를 가진 사람이 한 가지 재주를 가진 사람보다 성공하기 힘들다는 말입니다.

성공의 열쇠는 재주가 아니라 충성입니다. 실력이 아무리 출중해도 충성하지 않고, 인내하지 않으면 쓰임받지 못합니다.

20~30년 전 한국 산업이 불같이 일어났을 때, "한국의 기능인들은 한 직장에서 2년을 넘기지 못하지만 일본인들은 한 직장에서 평균 12년을 일한다"는 신문 보도가 난 적이 있습니다. 한국 사람들은 지극히 현실 지향적이기 때문에 조금만 조건이 좋으면 철새처럼 직장을 옮겨 다닌다는 의미입니다. 이는 요즘의 현실과

거리가 먼 얘기이긴 하지만, 한 우물을 파는 자가 충성과 인내의 결과를 얻을 수 있다는 사실에는 모두 동감할 것입니다. 여기저기 다니며 우물을 판다고 해서 좋은 물을 얻을 수 있는 것은 아닙니다.

충성하는 자에게 상급이 있습니다

하나님은 언제 어디서나 충성된 일꾼을 찾으시며 그를 높여주십니다. 충성하는 자가 복을 받습니다.

5천만 원, 2천만 원을 받은 종은 즉시 나가서 장사를 해 많은 이익을 남겼습니다. 주인이 돌아왔을 때는 이미 갑절의 이익을 남겼습니다. 5천만 원 받은 종은 1억을 가지고 주인 앞으로 나왔습니다. 주인이 1억 중 자기 몫을 뺀 나머지를 종에게 준다면 그 자체로 엄청난 사건입니다. 그야말로 대박입니다.

그런데 주인은 작은 일에 충성했다는 칭찬과 함께 이 모두를 종에게 주었습니다. 1억 전액을 종에게 준 것입니다. 뿐만 아니라 주인을 기쁘게 하였으므로 이제부터는 종이 아니라 동업자가 되었습니다. 이러한 복을 받기를 갈망하며 맡겨진 일에 죽도록 충성하시기 바랍니다.

역사상 최고의 부자였던 록펠러가 많은 사람들의 예상을 깨고 자신의 후계자로 지목한 인물은 '아치볼드'였습니다. 일에 대한 열정이 남달랐던 아치볼드는 출장을 가서 묵는 호텔 숙박부에 항상 자신의 이름을 적고 그 옆에 '한 통에 4달러, 스탠더드 오일'이라고 적었습니다. 동료들은 "그게 회사에 무슨 도움이 되겠는가, 바보 같은 짓이다" 하며 그를 조롱했고 심지어 그를 '4달러 사나이'라고 불렀습니다.

어느 날 캘리포니아로 출장을 간 아치볼드는 호텔에 들어가서 변함없이 '한 통에 4달러, 스탠더드 오일'이라고 숙박부에 꼼꼼히 적어 넣었습니다. 그런데 그의 행동을 유심히 바라보던 한 신사가 왜 이런 것을 적느냐고 물었습니다. 그러자 아치볼드는 "혹시 손님 중에 갑자기 석유가 필요한 분이 있다면 숙박부를 본 종업원들이 이 연락처로 연락할 확률이 높지 않겠습니까?"라고 대답했습니다.

한 달이 지난 어느 날 아치볼드는 영문도 모른 채 록펠러의 특별 초청을 받았습니다. 그 자리에서 아치볼드는 캘리포니아의 한 호텔에서 만난 신사가 바로 스탠더드 오일의 설립자이자 회장인 록펠러라는 사실을 알았습니다.

"당신처럼 일에 열중하는 사람과 함께 일해 보고 싶습니다."

그날 록펠러는 아치볼드에게 이같이 제의했고, 아치볼드는 남다른 열정과 충성으로 성과를 냈습니다. 그리고 마침내 아치볼드는 록펠러의 뒤를 잇는 스탠더드 오일의 사장이 되었습니다. 혈연과 지연, 학연이 아닌 충성스런 애사심이 그를 스탠더드 오일의 사장으로 만든 것입니다.

하나님은 우리의 인격이나 직분, 신앙의 연조를 보시지 않습니다. 하나님은 주어진 자리와 직분에 충성을 다하는 사람을 찾으십니다. 하나님의 일에 충성하는 자에게 복을 주십니다.

> "믿음이 없이는 하나님을 기쁘시게 하지 못하나니 하나님께 나아가는 자는 반드시 그가 계신 것과 또한 그가 자기를 찾는 자들에게 상 주시는 이심을 믿어야 할지니라"(히 11:6)

하나님은 상 주시는 분입니다. 충성하면 칭찬과 상급을 받으며 하나님의 동업자가 됩니다. 무엇보다 더 많은 일을 맡겨 주십니다.

> "가르침을 받는 자는 말씀을 가르치는 자와 모든 좋은 것을 함께하라 스스로 속이지 말라 하나님은 업신여김을 받지 아니하시나니 사람이 무엇으로 심든지 그대로 거두리라 자

기의 육체를 위하여 심는 자는 육체로부터 썩어질 것을 거두고 성령을 위하여 심는 자는 성령으로부터 영생을 거두리라"(갈 6:6-8)

"스스로 속이지 말라 하나님은 업신여김을 받지 아니하시나니"라는 말씀을 메시지성경은 "착각하지 마십시오. 어느 누구도 하나님을 속일 수 없습니다"라고 번역했습니다. 하나님은 대충대충 넘어가는 분이 아닙니다. 정상참작도 하지 않으십니다. 하나님께는 오로지 '예'와 '아니오'만 있을 뿐입니다.

천재지변을 이유로 전도를 쉴 수 없습니다. 하나님 앞에서는 변명과 핑계가 통하지 않습니다. 주님은 오직 충성하는 자를 거두어 주십니다. 선택은 언제나 우리의 몫입니다.

"내가 오늘 하늘과 땅을 불러 너희에게 증거를 삼노라 내가 생명과 사망과 복과 저주를 네 앞에 두었은즉 너와 네 자손이 살기 위하여 생명을 택하고 네 하나님 여호와를 사랑하고 그의 말씀을 청종하며 또 그를 의지하라 그는 네 생명이시요 네 장수이시니 여호와께서 네 조상 아브라함과 이삭과 야곱에게 주리라고 맹세하신 땅에 네가 거주하리라"(신 30:19-20)

나와 내 자손을 위해서 생명을 택해야 합니다. 그리고 생명을 택했다면 끝까지 하나님을 사랑해야 합니다. "그를 의지하라"를 개역한글성경은 "그에게 부종하라"고 번역했습니다. '부종하라'는 하나님께 아주 가까이 달라붙어서 좇으라는 의미입니다. 하나님께 부종하면 하나님께서 그 길을 형통하게 하십니다. 하나님 나라에서는 믿음과 충성의 분량에 따라 복을 부어 주십니다.

게으른 종의 징벌은 버림받는 것입니다

악하고 게으른 종은 벌을 받습니다. 마침내 버림을 받습니다.

> "그 주인이 대답하여 이르되 악하고 게으른 종아 나는 심지 않은 데서 거두고 헤치지 않은 데서 모으는 줄로 네가 알았느냐… 그에게서 그 한 달란트를 빼앗아 열 달란트 가진 자에게 주라 무릇 있는 자는 받아 풍족하게 되고 없는 자는 그 있는 것까지 빼앗기리라 이 무익한 종을 바깥 어두운 데로 내쫓으라 거기서 슬피 울며 이를 갈리라 하니라"(마 25:26, 28-30)

악하고 게으른 종은 무익합니다. 쓸모없어서 있으나 마나 합니다. 주인은 악하고 게으른 종이 가진 모든 것을 빼앗아 1억을 가진 자에게 주라고 합니다. 좋으신 하나님, 없는 자를 불쌍히 여기시는 하나님이 어찌하여 악하고 게으른 종이 가진 모든 것을 빼앗고 쫓아내라 하십니까?

단테의 《신곡》에는 천국과 지옥 모두에서 거절당한 사람들의 이야기가 나옵니다.

단테가 안내자를 따라 한 장소에 도착하자 혈색이 나쁜 사람들이 초조하게 서성거리고 있었습니다. 그들은 천당에서 거절당한 사람들이었습니다. 그들은 동시에 지옥에서도 거절당했습니다. 천당에 갈 만큼 선인도 아니고 지옥에 쳐 넣을 만큼 악인도 아닌 어정쩡한 부류였습니다.

단테가 물었습니다.

"저들은 어떻게 되는 것입니까?"

"저 인간들은 하나님도 좋아하시지 않고 사탄도 좋아하지 않는 영원히 버려진 이들입니다. 만나 볼 것 없으니 지나갑시다."

하나님을 믿되 온전히 믿지 않으면 천사들도 영접해 들이지 않고 지옥에서도 받아 주지 않습니다. 양다리를 걸치고 있기 때문입니다.

무엇이 악한 것입니까? 주인의 마음과 의도를 믿지도, 알지도

못하는 것입니다. 자신의 잘못은 인정하지 않고 주인이 차별한다며 뒤에서 불평하는 것입니다.

패배자는 언제나 원망과 불평만 늘어놓고 자기변명에 급급합니다. 한 달란트 가진 사람이 그랬습니다. 그는 패배자였습니다.

성경은 게으름에 대해서 이렇게 말합니다.

> "게으른 자는 그 부리는 사람에게 마치 이에 식초 같고 눈에 연기 같으니라"(잠 10:26)

아프고 상한 이에 식초가 닿으면 이가 시리듯 게으른 자를 둔 주인의 마음이 이렇다는 것입니다. 주인의 눈에 연기가 피어올라 눈물을 흘리는 것 또한 게으른 종 때문입니다. 나태함과 게으름은 주인에게 아픔과 고통만 줄 뿐입니다.

> "게으른 자는 그 잡을 것도 사냥하지 아니하나니 사람의 부귀는 부지런한 것이니라"(잠 12:27)

게으른 사람은 사냥 자체를 하지 않거나, 사냥해서 잡은 짐승도 그대로 방치해 놓고 요리를 하지 않습니다. 손 놀리기를 싫어하는 게으름의 절정입니다. 무엇이든 차일피일 미루지 말고 기도로 결판을 내야 합니다.

> “충성된 사자는 그를 보낸 이에게 마치 추수하는 날에 얼음 냉수 같아서 능히 그 주인의 마음을 시원하게 하느니라”(잠 25:13)

옛날에 시골에서 보리타작을 할 때 사카린을 탄 얼음냉수 한 모금을 마시면 그야말로 사막의 오아시스가 따로 없었습니다. 산해진미가 부럽지 않은 시원하고 달콤한 최고의 선물이었습니다. 충성된 사람을 얻은 주인의 마음이 이와 같다는 것입니다.

어느 목사님이 교회에 부임했습니다. 부임 후 첫 주일 설교를 위해 많은 시간을 들여 기도하고 준비했습니다. 설교 제목은 ‘당신은 헌신하십니까?’였습니다. 목사님은 준비한 이상으로 힘차게 설교했습니다. 많은 성도들이 큰 은혜를 받았습니다. 성도들은 입을 모아 이제 우리 교회에도 큰 부흥의 역사가 일어나겠다고 했습니다. 그런데 목사님이 그다음 주일에도 같은 본문, 같은 제목으로 설교를 했습니다. 성도들은 지난 주일에 성도들이 은혜받는 모습을 보고 다시 한 번 강조하기 위해 똑같은 설교를 한다고 생각했습니다. 그런데 세 번째 주일에도 같은 본문으로 같은 제목의 설교를 하는 것이었습니다. 성도들이 술렁이기 시작했습니다. 목사님이 건망증이 있지 않다면 어떻게 같은 설교를 세 번이나 하는지 도통 이해할 수가 없다며 수군거렸습니다. 결국 수석 장로님이 목사님을 찾아가 조심스럽게 여쭤 보았습니다.

"목사님! 우리 교회에 부임하셔서 전해 주신 좋은 말씀으로 많은 성도들이 은혜를 받았습니다. 그런데 같은 제목, 같은 본문으로 몇 주째 같은 설교를 하시니 성도들 사이에서 말이 많습니다. 어떻게 해야 할까요?"

그러자 목사님이 이렇게 말했습니다.

"은혜 받고 감동 받은 대로 헌신하는 분이 한 분도 보이지 않았습니다. 그러니 앞으로 계속해서 이 설교를 할 것입니다."

많은 사람들이 설교를 듣고 은혜와 감동은 받으나 실천은 하지 않습니다. 삶에 변화가 전혀 일어나지 않는 것입니다.

예수님께 미쳐야 합니다. 불신앙과 옛 습관의 장벽을 뛰어넘어야 합니다. 은혜 받고 감동 받았다면 받은 그대로 실천에 옮겨야 합니다. 게으름과 나태함의 장벽을 뛰어넘을 때 기적이 일어납니다. 고착된 나의 한계를 뛰어넘을 때 하나님께서 역사하십니다.

> "영혼 없는 몸이 죽은 것같이 행함이 없는 믿음은 죽은 것이니라"(약 2:26)

아무리 많은 것을 알아도 행하지 않으면 어떤 일도, 어떤 변화도 일어나지 않습니다. 차일피일 미루면 인생이 좀먹습니다. 점점 쓸모없는 존재로 전락하고 맙니다. 어렵고 힘들어도 도전하고 또 도전해야 합니다. 그래야 주인의 즐거움에 참여할 수 있고 기적도, 좋은 일도, 열매도 내 것으로 만들 수 있습니다.

당신은 착하고 충성된 종입니까, 아니면 악하고 게으른 종입니까?

하나님과 이웃들 앞에서 칭찬받는 주인공이 되기를 소망하십시오. 하나님께서 결산하시는 날에 "잘하였도다. 착하고 충성된 종아"라는 칭찬을 듣는 우리가 되기를 바랍니다.

Chapter 4

사랑

뜨겁게 하나님을 체험하십시오

사랑이란 두 글자는 외롭고 흐뭇하고
사랑이란 두 글자는 슬프고 행복하고
사랑이란 두 글자는 씁쓸하고 달콤하고
사랑이란 두 글자는 차갑고 따뜻하고
사랑하는 기쁨에 태양이 빛나고
사랑하는 슬픔에 달빛이 흐려지네
사랑이란 두 글자는 쓸쓸하고 화려하고
사랑이란 두 글자는 길고도 짧은 얘기
사랑이 올 때면 당신의 웃음소리
사랑이 갈 때면 당신의 울음소리
사랑이란 두 글자는 쓸쓸하고 화려하고
사랑이란 두 글자는 길고도 짧은 얘기
길고도 짧은 얘기
길고도 짧은 얘기

'사랑이란 두 글자'란 노래의 노랫말입니다. 노래 가사를 가만히 음미해 보면 우리 삶이란 사랑하고 미워하는 것의 반복이 아닌가 싶습니다. 사랑하는 사람 때문에 꿈도 꾸고, 수고도 하고, 고생도 마다하지 않습니다. 그런가 하면 미움 때문에 상실감에 사로잡히고 자기 자신이 망가지기도 합니다. 결국 세상 사는 이야기는 사랑하고 미워하는 이야기가 아닌가 합니다.

그런데 사랑하고 미워하는 우리 인생 이야기는 생각만큼 그리 길지 않습니다. 천년만년 살 것처럼 욕심 부려도 기껏해야 100년에 불과합니다. 그에 비하면 창조주 하나님 아버지의 사랑 이야기는 태초부터 영원토록 무궁합니다.

> "우리가 아직 죄인 되었을 때에 그리스도께서 우리를 위하여 죽으심으로 하나님께서 우리에 대한 자기의 사랑을 확증하셨느니라"(롬 5:8)

이해를 돕기 위해 다른 성경 번역을 살펴보겠습니다.

> "그러나 우리가 아직 죄인이었을 때에, 그리스도께서 우리를 위하여 죽으셨습니다. 이리하여 하나님께서는 우리들에 대한 자기의 사랑을 실증하셨습니다."(롬 5:8, 새번역)

"그런데도 죄인인 우리를 위해 하나님께서는 그리스도를 보내셨고 그리스도께서는 우리 대신 죽어 하나님의 그 깊은 사랑을 우리에게 보이셨습니다."(롬 5:8, 현대어성경)

"그러나 하나님은 우리가 그분께 아무 쓸모가 없을 때에 당신의 아들을 희생적 죽음에 내어주심으로, 그렇게 우리를 위해 당신의 사랑을 아낌없이 내놓으셨습니다."(롬 5:8, 메시지성경)

사랑의 확증으로 하나님께서 우리에게 보여 주신 증표는 무엇입니까? 십자가를 통해 베푸신 예수 그리스도의 사랑, 곧 죄인을 용서하는 사랑입니다. 그 사랑의 절정은 예수께서 우리의 죄를 스스로 담당하시고 우리에게 하나님의 의를 전가시켜 주신 것입니다. 이렇듯 하나님의 사랑은 사랑하는 대상을 아름답게 만들어 갑니다.

하나님의 사랑을 믿습니까?

기독교 신앙의 상징적인 징표는 십자가입니다. 십자가는 영원무궁한 하나님의 사랑의 증거이며 확증입니다. 세상을 이길 수

있는 힘과 능력은 학벌, 돈, 명예, 권세에 있지 않습니다. 하나님의 사랑을 믿는 믿음에 있습니다.

"하나님이 세상을 이처럼 사랑하사 독생자를 주셨으니 이는 그를 믿는 자마다 멸망하지 않고 영생을 얻게 하려 하심이라"(요 3:16)

"다른 이로써는 구원을 받을 수 없나니 천하 사람 중에 구원을 받을 만한 다른 이름을 우리에게 주신 일이 없음이라 하였더라"(행 4:12)

"우리가 아직 죄인 되었을 때에 그리스도께서 우리를 위하여 죽으심으로 하나님께서 우리에 대한 자기의 사랑을 확증하셨느니라"(롬 5:8)

"그러므로 이제 그리스도 예수 안에 있는 자에게는 결코 정죄함이 없나니 이는 그리스도 예수 안에 있는 생명의 성령의 법이 죄와 사망의 법에서 너를 해방하였음이라"(롬 8:1-2)

"사랑은 여기 있으니 우리가 하나님을 사랑한 것이 아니요

하나님이 우리를 사랑하사 우리 죄를 속하기 위하여 화목 제물로 그 아들을 보내셨음이라"(요일 4:10)

이 말씀들만큼은 주야로 묵상하며 입에 달고 살아야 합니다. 이 말씀들을 통해 우리는 고단하고 험한 세상을 이길 만한 지혜와 능력을 얻게 됩니다. 살리는 영이신 성령이 내 영과 마음과 생각 속에 이 말씀을 집어넣어 주십니다. 신비한 하나님의 지혜와 능력이 믿음의 파이프를 통해서 공급되는 것입니다.

"머리와 입으로 하는 사랑에는 향기가 없다. 진정한 사랑은 이해, 관용, 포용, 동화, 자기를 낮춤이 선행된다. 사랑이 머리에서 가슴으로 내려오는 데 칠십 년이 걸렸다."

-故 김수환 추기경

지식으로 아는 예수님과 십자가가 가슴으로 내려와 영과 마음과 생각에 불을 붙이려면 꽤 많은 시간이 걸립니다. 머리에서 가슴까지 내려오는 그 짧은 거리에도 김수환 추기경은 70년이 걸렸다고 고백했습니다.

말씀을 듣고, 기도를 하고, 찬송을 불러도 절대 주권자인 하나님이 성령으로 체험되는 은혜를 절실하게 소망해야 합니다.

엄마는 갓 태어난 아기를 품에 안고 젖을 먹입니다. 옥이야 금이야 귀하게 여기며 보살핍니다. 어머니의 사랑은 대가나 조건이 없는 무조건적인 사랑입니다.

우리가 아직 연약할 때 하나님이 우리를 품에 안으시고 예수 십자가의 사랑을 먹여 주셨습니다. 우리 머리카락까지 세시며 보살펴 주셨습니다. 하나님의 사랑은 자기 목숨까지 내어 놓는 절대적인 사랑입니다.

누가복음 15장에는 '탕자의 비유'가 나옵니다. 작은아들이 성공하는 인생을 꿈꾸며 아버지에게 자기 몫의 재산을 나눠 달라고 생떼를 씁니다. 결국 그는 재산을 챙겨 집을 떠난 뒤 먼 나라로 가서 허랑방탕하게 재산을 탕진했습니다. 무일푼의 작은아들은 그곳에서 험악한 인생을 살게 됩니다.

작은아들은 아버지 집에서 머슴살이라도 해서 생계를 유지해야겠다 작정하고 집으로 돌아옵니다. 그는 아버지의 자녀로서 권리를 누릴 생각이 전혀 없습니다. 그저 아버지를 망신 주고 떠난 자신을 받아 주기만 한다면 감사하겠다는 마음입니다.

그러나 아버지는 집을 떠난 아들을 이제나저제나 기다렸습니다. 아들은 떠났으나 아들을 떠나보내지 않았습니다.

아버지는 저기 저 먼 곳에서 남루하기 이를 데 없는 모습으로 걸어오는 아들을 한눈에 알아보고 달려가 끌어안고 맞아들입니다. 아버지는 아들에게 새 옷을 입히고 신발을 신기고도 기쁨을 이기지 못해 살진 송아지를 잡아 동네 사람들을 초청해서 잔치를 벌입니다. 잃어버린 아들을 찾았다며 기뻐하고 즐거워합니다.

집안 망신을 시킨 방탕한 아들이지만 돌아온 것만으로도 큰 기쁨이 되었습니다.

우리를 향한 하나님의 사랑이 이렇습니다. 우리는 하나님께 돌아온 것만으로도 기쁘고 즐거운 존재입니다. 예수 믿고 구원받아 하나님의 자녀가 된 우리는 반드시 하나님의 기쁨이 되어야 합니다.

팀 켈러는《탕부 하나님》에서 모든 소유를 탕진하고 돌아온 둘째아들보다 아버지의 마음을 더 아프게 한 사람은 맏아들이라고 했습니다.

허랑방탕하게 재산을 탕진하고 돌아온 작은아들을 위해 아버지가 잔치까지 벌이는 것이 맏아들은 몹시 못마땅합니다. 아버지 곁을 떠난 적 없이 일평생 순종하며 일만 한 자신을 위해서는 지금까지 송아지를 잡은 적이 없건만 아버지를 망신 준 자식을 위해서 잔치까지 여는 것이 너무 화가 납니다.

예수님을 믿지 않다가 전도를 받아 교회에 나온 사람이 작은아들이라면, 교회에서 중직으로 봉사하면서도 하나님께 감사하지 않고 오히려 하나님께 부담이 되고 짐이 되는 사람이 바로 맏

아들입니다.

그래서 팀 켈러는 그 집의 진짜 탕자는 작은아들이 아닌 맏아들이라고 했습니다. 교회에 다니는 것만으로는 예수님을 온전히 믿는다고 할 수 없습니다.

십자가가 곧 하나님의 사랑입니다

아직 죄인 되었다는 것은 캄캄한 어둠과 같은 상태를 말합니다. 말을 해도 알아듣지 못합니다. 그러나 이때도 하나님은 우리를 사랑하셨습니다.

> "너희는 그 은혜에 의하여 믿음으로 말미암아 구원을 받았으니 이것은 너희에게서 난 것이 아니요 하나님의 선물이라 행위에서 난 것이 아니니 이는 누구든지 자랑하지 못하게 함이라"(엡 2:8-9)

내가 잘나고 똑똑해서가 아닙니다. 다른 사람보다 더 예쁘고 똑똑하고 착하고 더 능력 있어서가 아닙니다. 하나님이 사랑이시기 때문에 우리가 아직 죄인 되었을 때에 절대적인 사랑으로 우리를 먼저 사랑하셨습니다. 부족하고 연약하고 무지해도 우리를 사랑하신 것입니다.

어떤 사람은 교회에서 자기의 수고와 공로를 알아주지 않는다고 상처를 받고 시험에 듭니다. 인정도, 사랑도, 칭찬도 받지 못하는 이런 교회에 다닐 필요가 없다고 불평합니다. 에베소서 2장 8-9절은 이런 사람들에게 필요한 말씀입니다.

내 힘과 능력으로 수고와 봉사를 한 것 같습니까? 아닙니다. 하나님의 은혜로 한 것입니다. 자기 의와 자기 자랑을 늘어놓으며 인정받기를 원하는 것은, 마치 대낮에 촛불을 켜고는 자기가 빛을 밝히고 있다고 자랑하는 것과 같습니다.

머슴의 신분으로 총회장까지 지낸 이자익 목사는 한국 장로교 사상 유일하게 총회장을 세 번이나 역임한 분입니다.

그는 어릴 때 부모를 잃고 고아가 되어 이곳저곳을 떠돌다 전라북도 김제에 와서 그 지역의 유지인 조덕삼 선생 집의 머슴으로 들어가게 되었습니다. 주인인 조덕삼 선생을 통해 예수님을 믿게 된 그는 교회에서 인정받는 일꾼이 되었고, 주인인 조덕삼 선생이 세운 금산교회에서 초대 장로로 선출되었습니다. 놀라운 것은 금산교회 초대 장로 선출에서 그가 조덕삼 선생을 제치고 장로가 되었다는 사실입니다. 그런데 여기서 더 감동적인 장면이

연출되는데, 조덕삼 선생이 이자익 장로를 축하하면서 다음과 같이 인사한 것입니다.

"우리 금산교회 교인들은 참으로 훌륭한 일을 해냈습니다. 저희 집에서 일하고 있는 이자익 영수는 저보다 신앙의 열의가 대단합니다. 대단히 감사합니다."

얼마 후 조덕삼 선생은 이자익 장로를 평양신학교로 유학 보냈고, 공부를 마친 이자익 목사는 금산교회 담임목사로 부임했습니다. 이때도 조덕삼 선생은 이자익 목사를 깍듯이 섬겼습니다.

이자익 목사는 평생 20개 교회를 설립하고 목회했으나 큰 교회의 청빙을 거절하고 농촌의 작은 교회를 지켰습니다. 대전신학대학교의 초대 교장과 장로교단 총회장을 세 번이나 역임했으며, 일제의 신사참배와 창씨개명을 거부했습니다. 대전신학대학교 이자익기념관에는 그에 대해 다음과 같은 평가가 기록되어 있습니다.

"그는 '가난과 고아와 마부'라는 인생의 밑바닥에서 시작하여 '목사'로서의 최고의 영예와 영광을 누렸음에도 불구하고, 교만이나 권력과 명예에 대한 집착 없이 순수한 마음으로 하나님의 교회를 섬겼던 한국 교계의 큰 바위 얼굴이다."

신분의 고하가 분명한 시대에 주인이 종을 인정하고 섬기는 것은 아무리 생각해도 쉬운 일이 아닙니다. 또한 주인이 종을 공부시키고 교회의 훌륭한 일꾼으로 세우는 일도 결코 쉽지 않습니다. 오직 십자가의 사랑만이 이런 위대한 역사를 일궈 냅니다.

하나님은 내가 아직 연약하고 죄인 되었을 때에, 하나님과 원수 되었을 때에, 하나님의 아들 예수 그리스도를 내어 주심으로 우리에 대한 하나님의 사랑을 확증하셨습니다. 이 사랑을 가슴 깊이 체험하게 되기를 바랍니다.

성경을 읽는다고 예수를 믿는 것이 아닙니다. 찬송을 잘 부른다고 예수를 잘 믿는다고 할 수 없습니다. 모태신앙이라고 해서 예수를 잘 믿는다고 말할 수 없습니다. 십자가 사랑을 가슴으로 체험해야 합니다. 하나님이 나를 사랑하신 사실을 가슴으로 깨달아야 합니다. 나 같은 죄인을 위해 십자가에서 죽으신 예수 그리스도의 사랑에 절절한 감사가 있어야 합니다. 만 가지가 감사요 은혜입니다.

예수님이 유대관원인 니고데모에게 사람이 거듭나야만 하나님 나라에 들어갈 수 있다고 하셨습니다. 니고데모는 이 말씀을 이해할 수 없어서 사람이 어떻게 다시 어머니 뱃속에 들어갔다가 나올 수 있느냐고 엉뚱한 질문을 했습니다. 예수님은 그에게 물과 성령으로 거듭나지 않으면 하나님 나라에 들어갈 수 없다고 다시 설명하셨으나, 니고데모는 여전히 오리무중이었습니다.

예수님은 이에 대한 결론으로 이렇게 말씀하셨습니다.

> "모세가 광야에서 뱀을 든 것같이 인자도 들려야 하리니 이는 그를 믿는 자마다 영생을 얻게 하려 하심이니라 하나님이 세상을 이처럼 사랑하사 독생자를 주셨으니 이는 그를 믿는 자마다 멸망하지 않고 영생을 얻게 하려 하심이라"(요 3:14-16)

이스라엘 백성이 광야 생활 중에 하나님께 불평한 죄로 불뱀에 물려 죽게 되었을 때, 모세가 놋뱀을 만들어 장대 높이 매달고 이를 쳐다보는 자마다 살 것이라고 했습니다. 이처럼 예수 그리스도의 십자가를 바라보기만 하면 질병이 떠나가고 저주가 사라집니다. 더러운 귀신이 떠나갑니다.

놋뱀을 쳐다보자마자 뱀에 물린 독이 빠져나가고 고침 받았듯이, 예수의 십자가를 바라보면 내 속에서 독이 빠져나가고 고침을 받습니다. 내 인생의 독, 죽음의 독, 두려움과 염려 근심의 독, 시기 질투의 독이 빠져나갑니다.

지금도 노인을 상대로 가짜 약을 파는 사람들이 있다고 합니다. 어떤 이단은 교주가 손이나 발을 씻은 물을 만병통치약으로 여겨 사람들이 이를 마시기 위해 물병을 들고 줄을 서서 기다린다고 합니다.

하나님은 다른 어떤 말이나 행동을 덧붙이지 않으십니다. 예수님의 십자가는 하나님이 나를 용서하고 사랑한다는 사랑의 증표입니다. 바라만 보면 고침을 받습니다. 내 안의 모든 저주가 떠나갑니다. 미움과 분노가 사라지고 시기와 질투가 떠나갑니다. 하나님과 화목하게 되고 한없는 용서와 사랑이 흘러넘칩니다.

> "그러면 이제 우리가 그의 피로 말미암아 의롭다 하심을 받았으니 더욱 그로 말미암아 진노하심에서 구원을 받을 것이니 곧 우리가 원수 되었을 때에 그의 아들의 죽으심으로 말미암아 하나님과 화목하게 되었은즉 화목하게 된 자로서는 더욱 그의 살아나심으로 말미암아 구원을 받을 것이니라 그뿐 아니라 이제 우리로 화목하게 하신 우리 주 예수 그리스도로 말미암아 하나님 안에서 또한 즐거워하느니라"
>
> (롬 5:9-11)

우리는 여전히 연약한 죄인입니다. 용서하라고 했는데 용서하지 못하고, 사랑하라고 했는데 사랑하지 못합니다. 전도하라고 했는데 전도하지 않고, 항상 기뻐하지도, 범사에 감사하지도, 쉬지 않고 기도하지도 않습니다. 여전히 죄인이며 연약한 존재임에

도 불구하고 하나님이 먼저 사랑해 주십니다. 하나님 입장에선 슬픈 사랑이 아닐 수 없습니다.

> "이와 같이 성령도 우리의 연약함을 도우시나니 우리는 마땅히 기도할 바를 알지 못하나 오직 성령이 말할 수 없는 탄식으로 우리를 위하여 친히 간구하시느니라"(롬 8:26)

성령께서 말할 수 없는 탄식으로 우리를 위해 기도하십니다. 자애로운 어머니와 같이 탄식하며 나를 위해 중보하며 기도하십니다.

하나님은 지금도 우리를 기다리고 계십니다. 언젠가는 하나님의 마음을, 그 사랑을 알 때가 올 것이라 확신하며 기다리십니다.

하나님은 우리가 오직 하나님 한 분만으로 만족하며 살기를 원하십니다. 감사와 찬송을 하나님께 올려 드리며 참된 자유와 평안을 누리기 원하십니다.

하나님은 지금도 우리를 바라보며 오래 참고 기다리십니다. 하나님은 절대로 포기하거나 버리지 않으십니다. 슬프지만, 밉지만 여전히 사랑하십니다.

여러 자식을 낳아 기르다 보면 고운 사랑도 있고, 미운 사랑도 있습니다. 자식 때문에 삶의 보람과 기쁨이 넘치기도 하지만, 눈물 마를 날이 없을 때도 있습니다.

예수님의 눈물, 예수님의 보혈, 그 은혜를 힘입어 하나님의 기쁨, 하나님의 영광이 되기를 바랍니다. 그 사랑을 확증하고 체험하기 바랍니다.

Chapter 5

말씀

말씀이
나를 살립니다

예수님이 공생애를 시작하시기 전 40일을 밤낮으로 금식하며 기도하셨습니다. 금식기도를 마치자마자 마귀가 와서 이렇게 말합니다.

> "시험하는 자가 예수께 나아와서 이르되 네가 만일 하나님의 아들이어든 명하여 이 돌들로 떡덩이가 되게 하라"(마 4:3)

그러자 예수님이 시험하는 자를 향해 말씀하십니다.

> "예수께서 대답하여 이르시되 기록되었으되 사람이 떡으로만 살 것이 아니요 하나님의 입으로부터 나오는 모든 말씀으로 살 것이라 하였느니라 하시니"(마 4:4)

육체는 일정 기간 음식을 섭취하지 않으면 생명의 위협을 받아 죽을 수밖에 없습니다. 살아 있는 생명체는 반드시 먹고 마셔

야 합니다. 그렇다면 사람은 음식을 먹지 않고 얼마나 오랫동안 살 수 있을까요?

1995년 삼풍백화점 붕괴사고 때 생존자인 박승현(당시 19세) 씨는 음식은 물론 물 한 모금도 마시지 못한 채 17일을 견뎠습니다. 그는 비교적 건강한 상태로 구조되었습니다. 기네스북 기록에 의하면, 물과 음식이 전혀 공급되지 않는 상황에서 가장 오래 생존한 기록은 1979년 오스트리아의 안트레아 마하베츠(당시 18세)가 세운 18일입니다.

지금까지의 기록으로 보아 아무것도 공급되지 않는 상황에서 인간의 생존 능력은 대체로 20일 정도 되지 않나 생각됩니다. 그러나 74일간 금식을 했다는 신앙 간증이 있기도 합니다.

그런데 참 아이러니한 것은 먹고 마셔도 사람은 언젠가는 죽는다는 사실입니다.

썩을 양식을 구합니까,
영원한 양식을 구합니까?

요한복음 6장 1-71절을 보면 예수님이 매우 중요한 말씀을 하십니다. 이 말씀을 읽으면 읽을수록, 들으면 들을수록, 알 것도 같고 모를 것도 같습니다. 매우 길게 그러나 절실하게 말씀하신 내용은 이렇습니다.

예수님이 계신 곳으로 사람들이 모여들어 인산인해를 이루었습니다. 큰 무리를 보신 예수님은 그들을 불쌍히 여기사 여러 가지로 가르치시며 그 가운데 있는 병자를 고쳐 주셨습니다. 날이 저물자 예수님은 이들을 그대로 돌려보낼 수 없어 제자들에게 먹을 양식을 주라 했습니다. 이때부터 제자들이 먹을거리를 찾아 헤맸지만 고작 보리떡 다섯 개와 생선 두 마리를 구했을 뿐이었습니다.

예수님은 이 보리떡 다섯 개와 생선 두 마리를 두고 하늘을 우러러 축사하신 후 모여 있는 사람들에게 나눠 주었습니다. 여자와 어린아이를 제외하고도 장정 5천 명이 배불리 먹었고, 그러고도 열두 바구니나 남았습니다. 기적이 일어난 것입니다.

이튿날 더 많은 사람들이 예수님을 찾았습니다. 예수님이 이미 갈릴리 바다 건너편 가버나움에 이르렀다는 소식을 듣고 무리가 먼 길을 마다않고 예수님을 좇아왔습니다. 예수님은 그런 그들에게 이렇게 말씀하셨습니다.

"예수께서 대답하여 이르시되 내가 진실로 진실로 너희에

> 게 이르노니 너희가 나를 찾는 것은 표적을 본 까닭이 아니요 떡을 먹고 배부른 까닭이로다"(요 6:26)

복음서에는 기적, 이적, 표적이라는 말을 섞어서 사용하고 있습니다. 비슷한 것 같으나 조금씩 그 의미가 다릅니다.

기적(miracle)은 "사람이 생각하거나 행할 수 없는 신기한 일, 하나님을 계시하는 역사적 사건이나 자연적인 현상들"입니다. 하나님은 창조 사역의 기적을 시작으로 이스라엘의 역사와 우주 만물의 운행, 인간 삶의 곳곳에서 기적을 행하셨습니다. 반면 표적(sign)은 "초자연적 능력에 의해 외부로 나타난 현상"을 가리키는데, 대개는 '이적', '표징'과 동의어로 사용됩니다. 진리를 입증하거나 하나님의 영광을 드러내는 수단으로 나타납니다.

예수님은 사람들이 표적을 보고 예수님을 따르는 것이 아님을 지적하셨습니다. 그들은 떡과 생선을 먹고 배부른 까닭에 예수님을 찾아왔습니다.

> "예수께서 대답하여 이르시되 내가 진실로 진실로 너희에게 이르노니 너희가 나를 찾는 것은 표적을 본 까닭이 아니요 떡을 먹고 배부른 까닭이로다 썩을 양식을 위하여 일하지 말고 영생하도록 있는 양식을 위하여 하라 이 양식은 인

자가 너희에게 주리니 인자는 아버지 하나님께서 인치신 자니라"(요 6:26-27)

생명의 주요 영생하는 주이신 예수님만이 하실 수 있는 말씀입니다. 육신의 양식을 아무리 먹어도 죽게 되어 있습니다. 산해진미를 먹어도 결국에는 죽게 되어 있습니다. 죽는 것은 썩는 것입니다. 죽는 것과 썩을 것을 위해 힘쓰고 애쓰지 말라고 예수님은 말씀하십니다. 대신에 썩지 않는 영원한 것을 위해 애쓰고 힘쓰라고 하십니다.

사람들은 욕망과 소유를 위해 목숨을 걸고 생존 경쟁을 벌입니다. 마치 먹고사는 문제만 해결되면 고단한 인생사가 풀릴 것이라는 신기루에 속고 속이며 살아가고 있습니다. 돈만 있으면 행복을 손에 쥘 수 있다고 생각합니다.

저 역시 70여 년을 살았습니다. 그러는 동안 보릿고개도 넘어봤습니다. 배고픔과 굶주림이 일상일 때 먹을 것만 풍족하면 삶의 질이 달라질 것이라고 확신했습니다. 하지만 먹고살 만해진 지금 과연 행복합니까? 삶의 질이 달라졌습니까? 물질적으로 여유 있어져서 마음도 넉넉해졌습니까?

그렇지 않다는 걸 모두 공감할 것입니다. 오히려 춥고 배고팠던 시절보다 삶이 더 팍팍해졌습니다. 분명히 먹고사는 문제에선 벗어났는데도 더 여유가 없고 불행합니다.

경제적으로 풍요로워지면 살맛나는 세상이 될 것이라는 생각은 마귀의 속임수입니다. 죽어 가는 줄도 모르고 서로 속고 속이면서 인생을 더 비참하고 고단하게 만들 뿐입니다. 절대로 세상 허영에 마음을 빼앗겨선 안 됩니다.

> "그들이 묻되 우리가 어떻게 하여야 하나님의 일을 하오리이까 예수께서 대답하여 이르시되 하나님께서 보내신 이를 믿는 것이 하나님의 일이니라 하시니"(요 6:28-29)

유대인들이 어떻게 해야 하나님의 일을 하는 것인지 묻자 예수님은 "하나님께서 보내신 이를 믿는 것이 하나님의 일이니라"고 말씀하십니다. 예수님을 믿는 것이 하나님의 일이라는 것입니다.

우리는 예수님을 믿습니다. 하지만 믿는 것으로 다됐다고 생각해선 안 됩니다. 잘 믿어야 합니다. 바로 믿어야 합니다. 또 믿는 대로 살아야 합니다.

잘 믿는 게 무엇입니까?

내 생각과 이성, 지식이 아니라 하나님의 뜻과 계획에 따라 사는 것입니다. 그렇게 살 수 있는 믿음을 구하는 것입니다.

요즘은 예배를 마치 TV 요리 프로그램을 보듯이 드리는 경우가 많습니다. 집중해서 레시피를 받아 적으나 곧바로 해먹어 보지는 않습니다. 단지 열심히 적을 뿐입니다. 언젠가 필요할지 모른다고 생각해서 적어 두기는 하나 대부분은 그대로 방치합니다. 찬송하고 기도하고 말씀을 듣는 그 순간에만 '아멘' 할 뿐 그것이 삶에서 드러나지는 않습니다. 배추김치를 먹고 맛에 대해 평가할 수는 있으나 정작 담글 줄은 모르는 것처럼 우리 신앙도 눈과 입만 즐거운 것 같습니다.

우리가 어떻게 하나님의 일을 합니까? 하나님이 보내신 이를 분명히 알고 그분을 믿는 것이 하나님의 일입니다. 믿으면 믿은 대로 실천해야 합니다.

성경은 약속의 말씀이며 진리의 말씀입니다. 그 말씀을 믿는다면 믿은 대로 실천해야 합니다. 실천하지 않고 감상만 하는 구경꾼이 바로 내가 아닌지 돌아봐야 합니다.

> "영혼 없는 몸이 죽은 것같이 행함이 없는 믿음은 죽은 것이니라"(약 2:26)

죽은 믿음을 소유하고 있으면 우리의 삶에서 어떤 기적이나 변화가 일어나지 않습니다. 실천하는 믿음이 반드시 있어야 합니다.

죽어야
생명을 얻습니다

히브리 사람들이 애굽에서 430여 년간 종살이를 하다가 하나님의 역사와 기적 가운데 출애굽을 했습니다. 하지만 약속의 땅 가나안으로 들어가는 여정은 40년이 걸렸습니다. 먹을 것도 마실 것도 보이지 않는 황량한 광야에서 이스라엘 백성은 어떻게 40년을 살았던 걸까요?

하나님께서 만나와 메추라기를 내려 주셨습니다. 모세의 지팡이로 반석을 쳐서 생수를 내어 마시도록 하셨습니다. 하나님의 은혜가 아니면 도무지 살아갈 수 없는 광야에서 이스라엘 백성은 하나님의 사람으로 훈련 받고 성장했습니다.

예수님은 출애굽 시 광야 40년을 언급하면서 그들이 하늘에서 내려오는 만나를 먹었어도 죽을 수밖에 없었으나 예수님이 주시는 양식을 먹으면 영원히 죽지 않는다고 말씀하십니다.

> "진실로 진실로 너희에게 이르노니 믿는 자는 영생을 가졌나니 내가 곧 생명의 떡이니라 너희 조상들은 광야에서 만나를 먹었어도 죽었거니와 이는 하늘에서 내려오는 떡이니 사람으로 하여금 먹고 죽지 아니하게 하는 것이니라 나는

하늘에서 내려온 살아 있는 떡이니 사람이 이 떡을 먹으면 영생하리라 내가 줄 떡은 곧 세상의 생명을 위한 내 살이니라 하시니라”(요 6:47-51)

“내 살을 먹고 내 피를 마시는 자는 영생을 가졌고 마지막 날에 내가 그를 다시 살리리니 내 살은 참된 양식이요 내 피는 참된 음료로다”(요 6:54-55)

“살아 계신 아버지께서 나를 보내시매 내가 아버지로 말미암아 사는 것같이 나를 먹는 그 사람도 나로 말미암아 살리라”(요 6:57)

신비하고 불가사의한 말씀입니다. 어떻게 예수님의 살과 피를 먹습니까? 2천 년이 지난 지금 어떻게 예수님의 살과 피를 먹고 마십니까? 영생하는 생명은 예수님의 살과 피를 먹고 마셔야 합니다.

예수님의 살과 피는 무엇입니까? 기독교 역사에서 걸출한 인물들이 예수님의 살과 피를 여러 방면으로 설명했습니다.

먼저 가톨릭에서는 성찬예식에서 먹고 마시는 떡과 포도주가 예수님의 살과 피라면서 사제가 축복기도를 하면 이 빵과 포도

주가 예수님의 살과 피로 변한다는 '화체설'(Transubstantiation)을 주장했습니다. 트렌트 공의회에서 교의로 선포된 이래 로마 가톨릭교회의 공식적인 입장이 되었습니다.

루터를 비롯한 종교개혁가들은 이 화체설을 반대했는데, 루터는 사제와 상관없이 성찬예식의 떡과 포도주에 예수님이 임재하신다는 '공체설'(Consubstantiation)을 주장했습니다. 성찬 시 떡과 포도주의 본체는 그대로 있고 그리스도의 살과 피의 본체가 떡과 포도주 '안에', '함께' 연합된다는 주장입니다. 즉 그리스도께서 성찬 음식에 실재로 임재하신다는 견해이지요. 이러한 연합이 예전(禮典)의 행위에 한정되며 영속되는 것은 아니고, 또 그와 같은 결합의 원인도 로마 가톨릭교회와 같이 사제(司祭)의 성별 기도가 아니고 하나님의 말씀 가운데 있다고 보았습니다. 참고로, 상이한 두 실체가 공재해 있다고 해서 '공재설', '성체공재설'이라고도 합니다.

츠빙글리는 성찬예식은 예수님의 죽으심과 부활을 기념하는 것이라면서 '상징설'(Symbology)을 주장했습니다. 떡과 포도주는 어떠한 의미로도 실체적으로 변화되지 않으며, 그것이 그리스도의 몸과 피라는 것은 상징적 언급에 불과하다고 보는 견해입니다. 로마 가톨릭의 화체설(化體說)과는 정반대이지요. 공체설을 취한 루터파와 대립하기도 했습니다. 이것은 개신교 진영에서 일어난 최초의 중대한 신학적 분열입니다.

칼뱅은 성찬식을 믿음으로 받아들이면 성령께서 임하셔서 떡과 포도주가 생명의 떡이자 생수가 된다는 '영적 임재설'로 설명했습니다. 떡과 포도주 그 자체는 변하지 않지만 성령께서 그것들을 통해 그리스도의 살과 피의 공로와 능력을 전달해 주신다는 견해입니다. 그런 점에서 '버추얼리즘'(Virtualism)이라고도 합니다. 이것은 츠빙글리의 '상징설'과 루터의 '공체설'의 중간적 입장입니다.

하나님은 예수 그리스도를 속죄와 화해의 제물로 삼고 우리에게 보내 주셨습니다. 예수님은 인간의 몸을 입고 성육신(Incarnation)하셔서 흠 없는 제물로서 십자가에 못 박혀 돌아가시므로 우리 죄를 용서해 주셨습니다. 이로써 우리를 향한 하나님의 진노를 돌이키고 화해를 이루셨습니다.

예수님은 우리의 완벽한 화목 제물이 되셨습니다. 우리는 예수 그리스도를 믿어 구원을 얻고 하나님이 주시는 영원한 생명의 주인공이 될 수 있습니다.

육신의 몸이 영원히 사는 것은 아닙니다. 부활하신 예수님과 같이 신령한 몸으로 변화되어 영원한 생명을 누리며 사는 길은 예수 그리스도를 믿음으로 가능합니다. 예수 그리스도를 믿는 믿음으로 영생하는 하나님의 생명을 얻게 됩니다.

"내가 그리스도와 함께 십자가에 못 박혔나니 그런즉 이제는 내가 사는 것이 아니요 오직 내 안에 그리스도께서 사시는 것이라 이제 내가 육체 가운데 사는 것은 나를 사랑하사 나를 위하여 자기 자신을 버리신 하나님의 아들을 믿는 믿음 안에서 사는 것이라"(갈 2:20)

예수님을 믿는다는 것, 예수님의 살과 피를 먹고 마신다는 것은 예수님과 함께 죽었음을 의미합니다. 죄에 대하여 죽고, 예수님과 함께 영생에 대하여 사는 자가 되었다는 뜻입니다.

"그러므로 형제들아 내가 하나님의 모든 자비하심으로 너희를 권하노니 너희 몸을 하나님이 기뻐하시는 거룩한 산 제물로 드리라 이는 너희가 드릴 영적 예배니라"(롬 12:1)

예수님을 믿는 사람의 육신은 살아 있습니다. 마음과 생각, 사지백체(四肢百體)가 모두 살아 있습니다. 살아 있는 이 모두는 하나님께 드려진 산 제물입니다. 제물은 자기 마음과 생각대로 살 수 없습니다. 하나님께서 이미 받으신 제물이기에 무엇을 하든지 하나님의 영광을 위해서 해야 합니다.

예수님의 살과 피를 먹었다는 것은 예수님의 살과 피가 내 안에 들어왔음을 의미합니다. 예수님의 살과 피가 나의 에너지이며 능력이며 지혜가 되는 것입니다. 예수님의 살과 피를 먹음으로 내가 예수님 안에 살고, 예수님이 내 안에 사는 것입니다. 내가 하나님께 온전히 드려진 자가 되는 것입니다.

말씀이 살립니다

영화 〈불의 전차〉는 1924년 파리올림픽에서 영국 육상 대표로서 금메달을 목에 건 에릭 리델의 이야기입니다.

100미터 달리기의 우승 후보였던 에릭 리델은 어느 날 갑자기 파리올림픽에서 100미터 달리기에 출전하지 않겠다고 고집을 부렸습니다. 그 이유는 100미터 달리기 경기가 있는 날이 하필 일요일이어서 주일예배를 드려야 했기 때문입니다. 얼마나 확고한지 아무리 설득해도 소용이 없었습니다. 언론은 그를 미친 사람 취급하면서 '편협하고 옹졸한 신앙인', '신앙을 소매 끝에 달고 다니는 신앙심 깊은 척하는 위선자', '조국의 명예를 버린 위선자'라고 비난했습니다. 영국 국민들도 그런 그에게 냉담한 시선을 보내며 야유했습니다.

그럼에도 에릭 리델은 굴하지 않고 평소처럼 주일에 예배를 드렸습니다. 그러고는 금메달이 확실했던 100미터 경기를 포기한 대신 생애 처음으로 400미터 달리기에 출전하기로 했습니다. 그가 400미터 달리기에 도전한다고 했을 때 사람들은 또 한 번 야유를 보냈습니다. 하지만 모두의 예상을 깨고 에릭 리델은 400미터 달리기에서 금메달을 목에 걸었습니다.

나중에 기자가 그에게 어떻게 400미터 달리기에서 금메달을 딸 수 있었느냐고 물었을 때 그의 대답은 이랬습니다.

"100미터는 내 힘으로 뛰었고 나머지 300미터는 하나님이 뛰어 주셨습니다."

에릭 리델의 이야기는 여기서 끝나지 않습니다. 올림픽이 끝난 후 "네가 받은 메달보다 더 위대한 메달이 있다. 더 위대한 영광이 있다. 너는 복음의 영광을 위하여 살아야 하느니라"는 주님의 음성을 듣고 선교사가 되어 중국으로 떠난 것입니다. 안정되고 화려한 삶이 보장된 터전을 버리고 전쟁의 한복판에 있는 중국으로 떠나는 그를 사람들은 이해하지 못했습니다. 당시는 일본이 한국과 중국을 침략하고 약탈하던 때였습니다. 일본은 중국인들을 물심양면으로 돕는 에릭 리델을 스파이로 몰아 감옥에 가두었으나, 에릭 리델은 감옥에서도 복음을 전했고, 거기서 신앙 공동체가 생겨났습니다.

에릭 리델이 일본이 패망하기 전에 43세의 젊은 나이로 세상을 떠났을 때, 중국인들은 그의 무덤에 비문을 하나 새겼습니다.

"하나님의 영웅 에릭 리델 여기에 잠들다."

에릭 리델은 예수님의 살과 피를 먹고 마신 인생입니다. 그는 하나님 앞에 자신을 산 제물로 드린 진정한 믿음의 사람이었습니다.

예수님의 살과 피를 먹고 마신다는 것은 무엇입니까? 하나님의 말씀을 먹고 마시는 것입니다. 그냥 듣는 것도, 지식으로 배우는 것도 아닙니다. 떡을 먹고 생수를 마시듯 하나님의 말씀을 먹고 마셔야 합니다.

성경은 그림이나 조각품이 아닙니다. 구경하고 감상하는 것이 아닙니다. 맛과 상관없이 무조건 먹어야 합니다. 이해로 그쳐서도 안 됩니다. 반드시 먹어야 살이 되고 피가 됩니다.

> "말씀이 육신이 되어 우리 가운데 거하시매 우리가 그의 영광을 보니 아버지의 독생자의 영광이요 은혜와 진리가 충만하더라"(요 1:14)

성경은 우리 죄 값을 청산하기 위해 육신의 몸을 입고 이 땅에 오신 예수님이 곧 말씀이라고 합니다. 태초에 있었던 말씀, 하나님과 함께 있었던 말씀이 바로 예수 그리스도입니다. 말씀이 육신이 되어 이 땅에 오신 분이 예수님입니다.

예수님의 살과 피를 먹고 마신다는 것은 예수님이 죽기까지 순종하신 것처럼 우리 역시 하나님의 말씀에 죽기까지 순종해야 함을 의미합니다.

> "예수께서 열두 제자에게 이르시되 너희도 가려느냐 시몬 베드로가 대답하되 주여 영생의 말씀이 주께 있사오니 우리가 누구에게로 가오리이까 우리가 주는 하나님의 거룩하신 자이신 줄 믿고 알았사옵나이다"(요 6:67-69)

오병이어의 기적을 본 수많은 사람들이 배를 타고 갈릴리 바다를 건너 가버나움까지 예수님을 찾아왔을 때 예수님은 그들이 어제처럼 배를 불리기 위해 왔다고 지적하시면서 썩어질 양식이 아닌 영생하는 양식을 위해 살라고 말씀하셨습니다. 그리고 영생하는 양식은 곧 예수님의 살과 피라고 하셨습니다.

그러자 무리가 예수님을 떠나갔습니다. 먹고사는 문제를 해결해 주실 것이라 생각하고 찾아왔는데 썩을 양식을 위해 수고하지 말라니 실망하여 떠난 것입니다.

이때 예수님은 열두 제자에게 "너희도 가려느냐?"고 물으십니다. 그러자 베드로가 기가 막힌 대답을 합니다.

"주여 영생의 말씀이 주께 있사오니 우리가 누구에게로 가오리이까 우리가 주는 하나님의 거룩하신 자이신 줄 믿고 알았사옵나이다"(요 6:68-69)

나사렛 예수가 보통 분이 아니라는 걸 알았다는 것입니다. 예수가 하나님의 아들이라는 사실을 알게 되었다는 것입니다. 죽은 자를 살리시고 없는 것을 있는 것같이 부르시는 분임을 알았다는 것입니다. 예수님만이 영원하시며, 인류의 희망이신 구세주이심을 깨달아 알았다는 것입니다.

"그러므로 믿음은 들음에서 나며 들음은 그리스도의 말씀으로 말미암았느니라"(롬 10:17)

하나님의 말씀을 들어야 믿음이 생깁니다. 믿음대로 실천해야 기적이 일어납니다. 하나님의 말씀을 먹어야 삽니다. 영생하는 믿음의 양식이 곧 하나님의 말씀입니다. 양식을 먹어야 산 믿음이 됩니다.

많은 미디어들이 앞다퉈 다이어트에 좋다는 식음료를 소개합

니다. 그러면 사람들은 혹해서 너도나도 그것들을 사다가 냉장고에 쟁여 둡니다. 하지만 효과를 볼 때까지 꾸준히 먹는 사람은 드뭅니다. 금방이라도 날씬해질 것처럼 들떠서 구입하지만 며칠 안 돼 시들해집니다.

예수 그리스도를 믿는 사람들의 모습도 이와 같습니다. 구름 떼처럼 몰려오나 곧 떠나갑니다. 믿음이 생겼다가도 곧 시들해져 버립니다.

> "그러므로 모든 육체는 풀과 같고 그 모든 영광은 풀의 꽃과 같으니 풀은 마르고 꽃은 떨어지되 오직 주의 말씀은 세세토록 있도다 하였으니 너희에게 전한 복음이 곧 이 말씀이니라"(벧전 1:24-25)

화무십일홍(花無十日紅)이라고 아무리 화려한 꽃도 언젠가는 시들고 떨어집니다. 명예와 권세, 건강과 부요를 자랑해도 이 역시 세월 속에서 빛을 잃습니다. 모두 썩어질 것들입니다. 그러나 예수님의 살과 피를 먹고 마시는 자는 영원히 살 수 있습니다.

> "주 여호와의 말씀이니라 보라 날이 이를지라 내가 기근을 땅에 보내리니 양식이 없어 주림이 아니며 물이 없어 갈함

이 아니요 여호와의 말씀을 듣지 못한 기갈이라"(암 8:11)

이스라엘 성지순례를 수십 번 다녀온다고 인격이 고상해지거나 인품이 새로워지는 것은 아닙니다. 젊은 남녀가 기갈 중에 자신을 만족시킬 그 무언가를 찾아 헤매도 늘 목이 마르고 지칠 뿐입니다. 왜 그렇습니까? 하나님의 말씀을 먹지 못했기 때문입니다. 하나님의 말씀을 먹어야 영적 목마름과 배고픔을 해결할 수 있습니다.

"여호와를 경외하는 도는 정결하여 영원까지 이르고 여호와의 법도 진실하여 다 의로우니 금 곧 많은 순금보다 더 사모할 것이며 꿀과 송이꿀보다 더 달도다"(시 19:9-10)

하나님의 말씀이 얼마나 달고 오묘한지 맛보아 아시기 바랍니다. 하나님의 말씀이 송이 꿀보다 더 달고 맛있는 사람은 산 믿음을 지닌 사람입니다. 하나님의 말씀을 먹어도 무슨 맛인지 모르겠다면 계속해서 먹어야 합니다. 먹다 보면 어느 순간에 입맛이 돌아오고 그 맛을 알게 됩니다.

"너희는 여호와의 선하심을 맛보아 알지어다 그에게 피하

는 자는 복이 있도다”(시 34:8)

하나님의 말씀을 밥처럼, 생수처럼 먹고 마시기 바랍니다. 말씀을 먹고 마시는 사람이 하나님을 영화롭게 하며 예수님을 자랑하는 인생을 살 수 있습니다.

Part
2

인생 풍파를 이기는 바라봄의 신앙

Chapter 6

감사

감사는 모든 어려움을 이깁니다

1620년 영국의 청교도 102명이 신앙의 자유를 찾아 메이플라워 호를 타고 미지의 땅, 신대륙을 향해 길을 떠났습니다. 그들이 도착한 곳은 오늘날 세계 최고의 강대국인 미국입니다. 불과 400여 년 전만 해도 그곳은 오늘날과 같은 도시의 모습은 찾아볼 수 없었습니다.

당시 영국에서는 국교회를 믿지 않으면 정치적이고 세속적인 탄압이 가해졌습니다. 자유롭게 복음적인 설교나 선교도 할 수 없었습니다. 이 같은 탄압과 박해 속에서 하나님의 말씀대로 사는 것을 추구하는 청교도 운동이 일어나게 되었고, 한편으로 종교의 자유를 찾아 신대륙으로 떠나는 무리가 생겼습니다.

하지만 신앙의 자유를 찾아 미국에 정착한 청교도들 중 절반 이상이 추위와 괴혈병으로 죽었습니다. 살아남은 이들 중 대부분이 도시 출신으로 농사짓는 법도 몰랐습니다. 더구나 낯선 땅의 보이지 않는 위협도 곳곳에 도사리고 있었습니다. 그들은 금식기도 주간을 선포하며 믿음으로 이 고난을 이기려 했습니다. 하지만 틈틈이 불안과 두려움이 엄습해 오는 것은 어쩔 수 없었습니다. 그때 한 사람이 일어나서 이렇게 외쳤습니다.

"우리가 영국에서 살 때보다 형편이 어려워진 것은 사실입니다. 그러나 우리는 이 가운데서도 얼마든지 하나님의 은혜를 생각하면서 감사할 조건들을 찾을 수 있습니다. 우리에게는 이제 신앙의 자유가 있습니다. 우리 눈앞에는 광활한 대지가 펼쳐져 있습니다. 우리에게는 무한한 가능성이 있습니다. 그러므로 우리는 더 이상 절망에 빠질 필요가 없습니다. 우리가 열심히 하면 하나님이 도와주실 것입니다. 이제 감사의 기도, 감사의 축제를 하십시다."

그들은 하나님의 은혜를 생각하며 믿음으로 감사를 드렸고, 이것이 추수감사절의 시작이 되었습니다. 청교도들은 이스라엘 백성도 감사의 절기를 지켰다는 사실을 기억하고 신대륙에서 감사의 절기를 지키기 시작했습니다.

우리가 살아 숨 쉬고 있다는 사실 하나만으로도 하나님께 감사할 수 있어야 합니다. 감사가 체질화되고, 생활화되어야 합니다.

사람만이
감사할 수 있습니다

"감사로 제사를 드리는 자가 나를 영화롭게 하나니 그의 행위를 옳게 하는 자에게 내가 하나님의 구원을 보이리라"(시 50:23)

감사의 제사가 하나님을 영화롭게 합니다. 하나님을 영화롭게 하는 자의 앞길을 하나님께서 친히 열어 주시고 형통하게 하십니다. 기독교의 여러 신앙고백들 중 웨스트민스터 신앙고백에 이런 말이 나옵니다.

"사람의 제일 되고 가장 높은 목적이 무엇인가? 그것은 하나님을 영화롭게 하고 그 일을 영원토록 즐거워하는 것이다."

사람됨의 최고 가치와 목적은 하나님을 영화롭게 하며 그 일을 영원토록 기뻐하고 즐거워하는 것입니다. 이것이 사람의 본분입니다.

해와 달과 별, 땅과 바다의 모든 생물을 지으신 분이 하나님입니다. 만물을 지으신 하나님께서 사람을 만드셨습니다. 특별히 사람을 만드실 때 하나님은 당신의 형상과 모양을 따라 만드셨습니다.

하나님의 형상과 모양이란 무엇일까요? 이에 대해 신학자들의 학설이 분분합니다.

많은 학자들은, 하나님의 형상과 모양이란 사람의 외적인 형태가 아닌 영적인 존재임을 의미한다고 말합니다. 그래서 사람은 하나님과 소통하고 사랑하며 살아갈 수 있는 유일한 존재라는 것입니다.

그렇다면 하나님은 왜 만물 가운데 사람을 하나님의 형상과 모양을 따라 지으셨을까요? 그 이유를 이사야서 43장 7절이 설명합니다.

> "내 이름으로 불려지는 모든 자 곧 내가 내 영광을 위하여 창조한 자를 오게 하라 그를 내가 지었고 그를 내가 만들었느니라"(사 43:7)

하나님의 영광을 위해서 하나님의 형상과 모양대로 사람을 창조하셨다고 합니다. 그렇다면 하나님의 영광을 위해 지음 받은 우리가 무엇으로 하나님을 기쁘시게 할 수 있을까요? 어떻게 해야 하나님의 영광을 드러낼 수 있을까요?

감사로 제사를 드리는 자가 하나님을 영화롭게 할 수 있습니다. 동물과 식물은 감사를 표현할 줄도 모르고 할 수도 없습니다.

만물 가운데 오직 사람만이 창조주 하나님께 감사 드릴 수 있습니다. 하나님은 사람을 통해 찬양 받기 원하십니다. 사람은 창조주 하나님의 선하시고 위대하심을 찬양해야 합니다.

> "창세로부터 그의 보이지 아니하는 것들 곧 그의 영원하신 능력과 신성이 그가 만드신 만물에 분명히 보여 알려졌나니 그러므로 그들이 핑계하지 못할지니라 하나님을 알되 하나님을 영화롭게도 아니하며 감사하지도 아니하고 오히려 그 생각이 허망하여지며 미련한 마음이 어두워졌나니 스스로 지혜 있다 하나 어리석게 되어 썩어지지 아니하는 하나님의 영광을 썩어질 사람과 새와 짐승과 기어다니는 동물 모양의 우상으로 바꾸었느니라"(롬 1:20-23)

만물 안에는 하나님의 놀라운 능력과 신성이 담겨 있습니다. 이 사실을 아는 유일한 존재가 사람입니다. 그러나 많은 사람들이 하나님이 창조하신 세상에서 살아가면서도 하나님이 없다고 말합니다. 하나님의 존재를 부인하는 것입니다.

그러나 우리는 천지만물이 사람의 힘이나 우연의 산물이 아님을 익히 알고 있습니다. 오직 사람만이 초월적인 존재에 대해 인식하므로 천지만물이 신의 작품임을 인지합니다. 그래서 각종 우상과 종교가 생겨났고 지금도 끊임없이 생겨나고 있습니다. 제아무리 철학과 종교, 과학을 논하며 인생의 행복과 성공을 말해도 생명의 근원이며 사랑의 원천인 하나님을 배제하고 설명할 수 있는 것은 없습니다. 어리석고 허망한 일일 뿐입니다.

바벨탑은 인간이 흩어짐을 면하기 위해 쌓은 것입니다. 그러나 하나님께서 인간의 언어를 혼잡하게 하시자 바벨탑을 쌓지 못하고 인간은 뿔뿔이 흩어졌습니다. 하나님을 알지 못하는 자의 어리석음은 이처럼 미련하기 그지없습니다. 하나님을 부인하는 자의 어리석음이란 바벨탑을 쌓는 것처럼 미련합니다. 헛된 수고를 기울이는 것입니다.

우주만상을 지으시고 모든 것을 예비하신 분은 오직 하나님 우리 아버지 한 분뿐입니다. 그러므로 우리가 할 일은 마땅히 하나님께 무한한 감사와 찬양과 영광을 올려 드리는 것입니다.

시편 136편에는 '하나님께 감사하라'는 말이 26번이나 나옵니다. 그런데 우리의 감사가 26번뿐이겠습니까? 수백, 수천 아니 수만 번을 감사해도 모자랍니다. 하나님의 은혜를 쉼 없이 찬양해도 부족합니다. 하나님의 은혜를 인간이 다 알 수도, 깨달을 수도 없기 때문입니다.

미국의 한 성공한 기업가가 자신을 성공하게 하신 하나님의 은혜가 너무 감사해서 책을 출간하기 위해 출판사를 찾아갔습니다. 책 제목은 '백만 번의 감사'였습니다. 그러나 모든 출판사가 거절해서 결국 출판을 하지 못했습니다. 그가 가져온 원고에는 100만 가지의 감사 내용이 담겨 있는 것이 아니라 "하나님, 감사합니다"라는 말만 계속해서 적혀 있었기 때문입니다. 그는 삶 속에서 일어나는 모든 일에 백만 번이라도 하나님께 감사를 해야 하며, 그것이 우리 인생의 성공 비결이라는 것을 사람들에게 알리고 싶었습니다. 그는 예수 믿기 전에 술과 여자에 빠져 죽기 일보 직전의 폐인으로 살았습니다. 그런 그가 주님을 영접한 후 완전히 새로운 존재가 되어 새로운 인생을 살게 되었고 사업가로도 성공했습니다. 그래서 그가 만난 하나님께 감사를 드리며 그 하나님을 전하고 싶었습니다.

비록 출판되지는 못했지만 그에게서 용암처럼 분출되는 하나님을 향한 감사를 우리도 배우고 그렇게 해야 합니다. 우리의 입이 만 개가 있다면 입을 모아 주님의 은혜를 찬송해야 합니다.

> "감사함으로 그의 문에 들어가며 찬송함으로 그의 궁정에 들어가서 그에게 감사하며 그의 이름을 송축할지어다"(시 100:4)

감사는
믿음의 결정체입니다

"너는 네 하나님 여호와의 이름을 망령되게 부르지 말라 여호와는 그의 이름을 망령되게 부르는 자를 죄 없다 하지 아니하리라"(출 20:7)

십계명 중 제3계명이 '하나님의 이름을 욕되게 하지 말라'입니다. 하나님 아버지는 자신의 이름에 민감하십니다. 그 이름의 명예를 철저히 지키십니다. 하나님의 이름은 존귀하고 위대하며 거룩하고 전능합니다.

명예훼손죄는 공연히 구체적인 사실이나 허위 사실을 적시(摘示)하여 사람의 명예를 훼손함으로써 성립하는 범죄입니다.

언젠가 TV 뉴스를 시청하다 너무 마음이 아프고 속이 상해서 전원을 꺼 버렸습니다. 시위하는 장면이었는데, 경찰과 시위대가 충돌하면서 불법과 폭력이 난무했기 때문입니다. 지켜야 할 선을 넘어 폭력까지 쓰게 된 우리 사회의 분열된 모습을 보고 하나님께서 얼마나 가슴 아파 하실까 싶었습니다. 우리 사회에 주신 하나님의 은혜와 축복이 너무나 큼에도 우리는 그 축복을 지키지 못하고 있습니다. 어느 쪽이든 타당한 이유가 있을 것입니다. 그럼에도 어떤 이유든지 간에 분열해서 서로 싸우는 것은 어리석고 미련하며, 애국도 애족도 아닙니다. 분쟁이 있는 곳에 평화와 번영과 자유가 있을 리 없습니다.

"만일 서로 물고 먹으면 피차 멸망할까 조심하라"(갈 5:15)

이스라엘 백성은 우상을 섬기며 패역한 짓을 일삼았습니다. 그런 중에도 그들은 하나님께 택함 받은 구별된 성민이라면서 절대 멸망하지 않을 것이라고 생각했습니다. 하나님은 바벨론을 사용하셔서 그런 이스라엘을 멸망시키셨습니다.

바벨론 사람들은 하나님보다 자신들이 섬기는 신이 더 강하다며 이스라엘 포로들을 비웃고 조롱했습니다. 그러자 이스라엘 백성은 어느 순간부터 바벨론의 우상과 그들의 생활습관을 따르기 시작했습니다. 하나님은 이스라엘 백성이 회개하고 하나님께 돌아올 것을 기대했지만, 그들은 하나님을 찾을 생각도, 회개할 생각도 없이 오히려 바벨론 문화에 젖어들었습니다.

그때 하나님께서 말씀하셨습니다.

"그러므로 너는 이스라엘 족속에게 이르기를 주 여호와께서 이같이 말씀하시기를 이스라엘 족속아 내가 이렇게 행함은 너희를 위함이 아니요 너희가 들어간 그 여러 나라에서 더럽힌 나의 거룩한 이름을 위함이라 여러 나라 가운데에서 더럽혀진 이름 곧 너희가 그들 가운데에서 더럽힌 나의 큰 이름을 내가 거룩하게 할지라 내가 그들의 눈앞에서 너희로 말미암아 나의 거룩함을 나타내리니 내가 여호와인 줄을 여러 나라 사람이 알리라 주 여호와의 말씀이니라"(겔 36:22-23)

하나님께서 이스라엘 백성을 구원하신 이유는 하나님의 이름이 더럽혀지는 것을 더 이상 두고 보실 수 없었기 때문입니다. 주님은 하나님의 이름을 지키기 위해 이스라엘 백성을 구원하겠다고 약속하십니다. 이스라엘 백성이 하나님을 잘 섬겨서 그들을 구원하시겠다는 것이 아닙니다. 오히려 그들은 하나님의 이름이 이방인들에게 조롱과 멸시를 당하도록 했습니다. 하나님은 그분의 이름을 욕되게 하는 일을 절대로 용납하지 않으십니다.

"여호와는 나의 목자시니 내게 부족함이 없으리로다 그가 나를 푸른 풀밭에 누이시며 쉴 만한 물가로 인도하시는도다 내 영혼을 소생시키시고 자기 이름을 위하여 의의 길로 인도하시는도다"(시 23:1-3)

"자기 이름을 위하여"라는 말씀이 중요합니다. 하나님은 자기 이름을 걸고 약속하신 말씀을 끝까지 지키시며 우리를 복된 길로 인도하십니다. 하나님을 영화롭게 함으로 하나님을 기쁘시게 해야 합니다. 하나님의 이름에 합당한 예물도 드려야 합니다.

선물도 나이와 신분에 걸맞게 해야 합니다. 초등학생에게 어울리는 선물이 있고, 중학생에게 어울리는 선물이 있습니다. 대학을 졸업한 자녀에게 장난감을 선물로 준다면 어이없어 할 것입니다. 수준과 상황에 맞는 선물을 주어야 합니다. 받는 사람과 전혀 상관없는 선물은 그 사람을 모욕하는 것과 같습니다.

제사를 거룩하게 드려야 할 이유가 여기에 있습니다. 하나님은 신령과 진정으로 예배하는 자를 찾고 계십니다.

영국의 메리 여왕이 어느 날 평상복을 입고 아이들을 데리고 런던 교외를 산책하다가 폭우를 만났습니다. 쏟아지는 비를 피해 근처 어느 집 처마 밑에 서서 기다리다가 비가 그치지 않자 그 집 대문을 두드려 우산을 빌려 달라고 했습니다. 여주인은 곰곰이 생각하더니 광에 처박아 둔 낡고 다 떨어진 우산을 빌려 주었습니다. 그녀는 낯선 길손에게 비싸고 좋은 우산을 줄 사람은 아무도 없을 것이라고 생각했습니다. 여왕은 꼭 돌려 드리겠다며 고맙다는 인사를 하고 우산을 쓰고 갔습니다. 다음 날 왕실의 화려한 마차가 그 집 앞에 서더니 번쩍이는 훈장을 단 궁전 근위대원

이 내려 그 집 대문을 두드렸습니다.

“여왕님께서 이 편지와 함께 우산을 돌려 드리면서 빌려 주셔서 감사하다고 전하라 하셨습니다.”

“예? 어제 그분이 여왕님이셨다고요?”

그 여주인은 너무 부끄럽고 후회가 되어 울음을 터뜨리고 말았습니다. 여왕에게 제일 좋은 우산을 드릴 수 있는 일생일대의 기회를 놓쳤기 때문입니다.

그분이 여왕인 줄 알았다면 버려도 아깝지 않은 낡은 우산을 주지는 않았을 것입니다. 여왕이 아니라 해도 사람을 그렇게 대접하면 안 됩니다. 남을 대접하는 그것이 그 사람의 됨됨이이기 때문입니다. 자기 그릇대로 복을 받게 마련입니다. 복 받는 사람이 아니라 복 있는 사람이 되어야 합니다.

다음은 국민일보에 실린 칼럼입니다.

> 지난 9월 18일 중앙대학교부속초등학교는 6학년 학생들을 대상으로 ‘나를 되돌아보고 모든 것에 감사하는 어린이가 되자’는 주제로 1박 2일 자기성찰캠프를 진행했다. 여기에 참가한 학생들이 내린 감사에 대한 정의는 어른들을 부끄럽게 했다.
>
> 한 학생은 ‘감사는 아주 커다란 퍼즐 한 조각’이라고 정의

했다. 그는 "세상이 완성되려면 많은 퍼즐 조각이 필요한데 감사는 그중에서 아주 커다란 퍼즐 조각이다. 세상 모든 사람의 감사라는 퍼즐 조각이 모여 맞춰질 때 이 세상의 큰 행복도 완성될 수 있다"고 했다.

또 한 학생은 감사는 불행한 기억을 깨끗이 지우기 때문에 지우개라고 했고, 또 다른 학생은 감사는 사람과 사람 사이의 빈틈을 채워 주기 때문에 이음매라고 했다. 가슴을 더욱 뭉클하게 한 것은 "태어나지 않았다면 인생이 없었듯이 감사가 없었다면 행복도 없었을 것"이라고 쓴 내용이다. 어린 학생들의 놀라운 지혜에 감사할 따름이다.

초등학교 6학년 아이들의 지혜가 참으로 놀랍습니다. 우리의 감사도 이와 같이 지혜로워야 할 것입니다.

"영혼 없는 몸이 죽은 것같이 행함이 없는 믿음은 죽은 것이니라"(약 2:26)

감사할 줄 모른다면 하나님의 이름을 욕되게 하는 것입니다. 감사할 줄 모르면 믿음이 없는 사람입니다. 믿음이 있는 사람은 반드시 감사로 영광을 돌리고 찬양하며 기도합니다.

"은혜는 물에 새기고 원한은 돌에 새긴다"고 합니다. 은혜는 뒤돌아서기가 무섭게 잊어버리지만, 섭섭한 일, 억울하고 분한 일은 뼛속 깊이 새겨 놓습니다. 원한을 돌에 새기니 천년이 지나도 지워지지 않습니다. 하지만 받은 사랑, 받은 은혜는 흘러가는 물에 새기니 금방 잊어버리고 맙니다.

왜 기도하고 찬송하며 말씀을 듣습니까? 은혜와 감사를 잊지 않기 위해서입니다. 은혜와 감사를 잊지 않기 위해 반복하는 것입니다.

> "내 영혼아 여호와를 송축하라 내 속에 있는 것들아 다 그의 거룩한 이름을 송축하라 내 영혼아 여호와를 송축하며 그의 모든 은택을 잊지 말지어다 그가 네 모든 죄악을 사하시며 네 모든 병을 고치시며 네 생명을 파멸에서 속량하시고 인자와 긍휼로 관을 씌우시며 좋은 것으로 네 소원을 만족하게 하사 네 청춘을 독수리같이 새롭게 하시는도다"(시 103:1-5)

하나님은 우리에게 은혜와 복을 주셨습니다. 그러므로 하나님의 은혜를 잊으면 안 됩니다. 언제든 어디서든 하나님의 은혜를 기억하고 하나님께 영광과 찬양을 드리며 예물을 들고 그의 궁정에 들어가 예배드려야 합니다.

그러면 하나님께서 '네 청춘을 독수리같이 새롭게' 하시겠다고 했습니다. 성령이 임하면 젊은이들은 환상을 보고 늙은이들은 꿈을 꾼다고 했습니다. 나이 든 사람도 하나님의 영광을 바라보며 꿈을 꾸는 것입니다.

"감사하는 마음에는 사탄이 씨앗을 뿌릴 수 없다"는 노르웨이 속담이 있습니다. 옛날에 사탄이 지구에 내려와서 노르웨이에 창고를 지었습니다. 사탄의 창고에는 각종 씨앗들, 즉 불평, 미움, 시기, 질투, 다툼, 분열, 저주, 짜증, 좌절, 낙망, 염려, 두려움 등의 씨앗들이 저장되어 있었습니다. 이 씨앗들은 어느 누구의 마음속에서도 싹이 잘 나고 잘 자랐습니다. 그런데 한 마을에서만은 전혀 효력이 없었습니다. 이 마을의 이름은 '감사'였습니다. 이 마을 사람들은 어떤 슬픈 상황과 절망적인 처지에서도 언제나 감사했기 때문에 사탄의 씨앗이 자랄 수 없었습니다. 이 이야기에서 노르웨이의 속담이 나온 것입니다.

> "항상 기뻐하라 쉬지 말고 기도하라 범사에 감사하라 이것이 그리스도 예수 안에서 너희를 향하신 하나님의 뜻이니라"(살전 5:16-18)

예수 믿고 구원받은 사람은 주님의 뜻에 모든 것을 맡기고 살아가니 감사할 수밖에 없습니다. 그는 어떤 환경에 처하든지 감사로 하나님께 영광을 돌리고 감사의 제사를 드립니다.

"아무것도 염려하지 말고 다만 모든 일에 기도와 간구로, 너희 구할 것을 감사함으로 하나님께 아뢰라"(빌 4:6)

기도 역시 감사로 우리의 구할 것을 하나님께 아뢰는 것입니다. 그의 인격과 사람됨은 감사의 수준으로 드러납니다. 감사하는 수준이 믿음의 수준입니다.

수십 년을 교회에 다녀도 감사할 게 없다는 사람은 예수를 믿지 않는 사람과 별반 다를 바가 없습니다. 예수를 믿는 그 순간 하나님의 자녀가 되는 자격을 얻습니다. 세상에 태어나 하나님의 자녀가 되는 자격을 얻은 것보다 더 큰 복은 없습니다. 이보다 더 큰 감사는 없습니다.

어느 대만 여성이 미국 시민권을 얻기 위해 산달에 무리하게 비행기를 탔다가 이륙 중에 아기를 낳았다고 합니다. 다행히 비행기 안에는 의사가 있어서 도움을 받았는데, 놀라운 것은 이 여인이 산통 중에도 계속해서 "여기가 미국 땅이냐?"는 질문만 되풀이했다는 것입니다. 미국 땅에서 아기를 낳아야 미국 시민권자로 인정받기 때문입니다. 한마디로 이 여인은 미국 시민권을 얻기 위해 위험천만한 원정 출산을 감행한 것입니다.

우리는 예수 그리스도로 말미암아 구원받은 천국의 시민권자입니다. 생명을 내건 무모함이 요구되지 않는 하나님의 은혜의 선물입니다. 이 하나만으로도 평생 감사의 이유가 됩니다.

언제든 어디서든 감사함으로 하나님을 영화롭게 하며, 그 이름을 높여 찬양하기 바랍니다. 영혼이 잘됨같이 범사가 잘되고 강건해지는 복이 차고 넘칠 것입니다.

Chapter 7

자유함

십자가 안에서는 고난도 즐겁습니다

사연 없고, 아픔 없는 인생은 없습니다. 저마다 문제와 고난을 안고 살아갑니다. 어떤 이는 자기 인생을 소설로 쓰면 몇 권은 될 것이라고 말합니다. 기쁨과 슬픔, 행복과 불행이 계절처럼 바뀌는 것이 인생입니다.

한 맺힌 내 인생을 하나님께 아뢰면 하나님은 과연 뭐라고 말씀하실까요? 인생의 이야기보따리를 하나님께 풀어놓았을 때 하나님은 과연 어떤 처방을 내리실까요?

어느 율법사가 예수님을 시험하기 위해 질문했습니다.

"선생님, 율법 중에서 어느 계명이 큽니까?"

유대인들은 하나님께서 직접 돌에 새겨 주신 모세의 율법을 배우고 가르치며 지켜 행했습니다. 그러나 예수님은 모세의 율법을 가르치지 않았습니다. 다만 세상에서 버림받고 인정받지 못한 사람들, 소외되고 병든 자들과 함께하셨습니다. 그런 예수님의 인생독본이 무엇인지 유대인들은 궁금했습니다.

예수님이 율법사의 질문에 대답하셨습니다.

"예수께서 이르시되 네 마음을 다하고 목숨을 다하고 뜻을 다하여 주 너의 하나님을 사랑하라 하셨으니 이것이 크고 첫째 되는 계명이요 둘째도 그와 같으니 네 이웃을 네 자신 같이 사랑하라 하셨으니 이 두 계명이 온 율법과 선지자의 강령이니라"(마 22:37-40)

인간의 도리, 종교와 철학, 윤리와 도덕에 관한 이론만도 수천, 수만 가지가 넘습니다. 그러나 근본은 두 가지입니다. 곧 '하나님 사랑, 이웃 사랑'입니다.

사자성어 가운데 '경천애인'(敬天愛人)이라는 말이 있습니다. '하늘을 경외하고 사람을 사랑하라'는 뜻입니다. 하나님 사랑, 이웃 사랑의 다른 말입니다. 사람 사는 도리의 근본 가르침은 '하나님 사랑, 이웃 사랑'입니다. 인간사 모든 사연과 난제에 대한 처방 역시 '사랑'입니다.

하나님의 처방은 오직 하나입니다. "사랑하라!" 하나님의 본성, 하나님의 성품이 사랑이기 때문입니다. 하나님의 사랑이 내 안에, 내 사랑이 하나님 안에 차고 넘치기를 소망합니다.

하나님은 당신의 심장을 깨뜨려 사랑하셨습니다

사랑은 가장 신비하고 위대한 능력을 샘솟게 하는 힘의 원천입니다.

예일대학교 교수이며 뉴헤이븐병원의 외과의사인 버니 S. 시걸은 그의 책《사랑+의술=기적》에서 "무조건적인 사랑은 면역체계의 가장 강력한 촉진제다"라고 했습니다. 그는 수술이 아닌 사랑으로 암을 치유한다는 파격적인 주장을 펴고 있습니다. 과연 사랑이 암을 치유합니까? 그렇습니다. 사랑할 용기를 가진 환자들에게는 날마다 기적이 일어난다고 합니다.

시걸 박사는 건강을 지키기 위해서는 사랑의 중요성을 깊이 인식해야 한다고 말합니다. 그가 치료한 수많은 환자들이 그 증거라는 것입니다. 그는 사랑을 쏟아 주면 건강이 회복된다면서 "못 고칠 병이 있는 것이 아니라, 못 고칠 사람이 있다"고 했습니다. 사랑의 묘약으로 못 고치는 병이 없습니다. 그러나 삶을 포기하고 사랑받지 못한 채 버림받은 사람은 살 길이 없습니다.

> "마음의 즐거움은 양약이라도 심령의 근심은 뼈를 마르게 하느니라"(잠 17:22)

우리는 자주 사랑한다는 말을 하고 삽니다. 남자가 여자를, 남편이 아내를, 부모가 자녀를 사랑한다고 말합니다. 동물과 식물도 사랑한다고 말합니다.

그러나 좋아하는 것과 사랑하는 것은 근본적으로 다릅니다. 한국 사람들은 사랑한다는 말을 대상을 구별하지 않고 사용합니다. 그러나 헬라 문화권에서는 이를 세밀하게 구별하여 사용합니다.

헬라어로 사랑은 '에로스, 스토르게, 필레오, 아가페' 등으로 불립니다. 뜻은 모두 '사랑'으로 같으나 사랑하는 대상은 각각 다릅니다.

'에로스'는 이성 간의 사랑입니다. '필레오'는 친구 간의 사랑, 곧 우정을 일컫습니다. '스토르게'는 부모와 자식 간의 사랑입니다. '아가페'는 인간을 향한 하나님의 사랑을 의미합니다.

에로스와 필레오, 스토르게는 모두 아름답고 신비하지만 한계가 있는 사랑입니다. 인간의 한계성 때문에 제한적이며 일시적입니다. 부부가 제아무리 사랑해도 한순간에 '님'이 '남'이 되기도 합니다. 부모가 자녀를 아무리 사랑해도 그 목숨이 끊어지면 흙에 묻을 수밖에 없습니다. 또 인간 간의 사랑이기에 문제가 노출되기도 합니다. 기분과 감정에 휩싸이면 아름다운 사랑이 불행의 씨앗이 되기도 하는 것입니다.

하지만 하나님의 사랑인 아가페는 완전하며 영원불변합니다.

무조건적이고 이타적이며 차별이 없는 사랑입니다. 하나님은 죄인과 원수까지도 사랑하십니다. 죽은 자까지도 살리셔서 다시 사랑하십니다.

예수 그리스도로 인해 구원받아 하나님의 자녀가 된 우리는 육신의 생명이 떠나가도 영원히 사라지지 않습니다. 사랑의 하나님의 가슴에 묻혀 있기 때문입니다.

> "사랑은 여기 있으니 우리가 하나님을 사랑한 것이 아니요 하나님이 우리를 사랑하사 우리 죄를 속하기 위하여 화목 제물로 그 아들을 보내셨음이라"(요일 4:10)

하나님이 먼저 우리를 사랑하셨습니다. 그러나 정작 우리는 하나님께 사랑받을 만한 아무 자격이나 이유도 가지고 있지 않습니다.

> "우리가 아직 죄인 되었을 때에 그리스도께서 우리를 위하여 죽으심으로 하나님께서 우리에 대한 자기의 사랑을 확증하셨느니라"(롬 5:8)

하나님은 이스라엘 백성을 이 모양, 저 모양으로 사랑하셨습니다. 그들은 때로는 흥하기도 하고, 쇠하기도 했습니다. 하나님의 은혜를 입었음에도 불구하고 하나님을 배반하기를 주저 없이 반복했습니다.

그러나 하나님은 변함없이 우리를 사랑하십니다. 자기 아들을 십자가에 달리게 하시기까지 우리를 무차별로 사랑하십니다. 우리에게 영생하는 천국을 주시기 위해 당신의 심장을 깨뜨려서 피를 쏟으셨습니다. 이 사실을 믿는 자는 의인이며 하나님의 자녀가 되는 자격이 주어집니다.

십자가 사랑 안에 있으면
고난도 즐겁습니다

'에로스, 필레오, 스토르게'는 결국 인간적인 사랑으로서 세월 속에 변질되고 식습니다. 그러나 하나님의 사랑은 절대로 변질되지 않습니다. 하나님은 영원부터 영원까지 사랑하십니다. 죽은 자를 끌어안으시고 하나님의 생기를 불어넣어 살리시는 사랑입니다.

하나님께서 언제 어떻게 죽었는지조차 모르게 심히 마른 뼈들을 환상으로 보여 주시면서 이 뼈들이 능히 살 수 있겠는지 에스

겔에게 물으셨습니다. 에스겔은 지혜로운 사람입니다. 그는 자신의 생각으로 답하지 않고 “주께서 아시나이다”라고 대답했습니다. 주님께서 이 모든 뼈들에게 대언하라고 말씀하셨습니다.

> “또 내게 이르시되 인자야 너는 생기를 향하여 대언하라 생기에게 대언하여 이르기를 주 여호와께서 이같이 말씀하시기를 생기야 사방에서부터 와서 이 죽음을 당한 자에게 불어서 살아나게 하라 하셨다 하라”(겔 37:9)

살리는 영인 생기를 불어넣으니 뼈가 연결되고, 힘줄이 생기고, 살이 오르고, 가죽이 덮였습니다. 살리는 영이신 성령이 죽은 자들에게 들어가니 그들이 살아나서 큰 군대가 되었습니다. 하나님의 말씀과 성령이 임하면 살아납니다. 신령한 몸으로 변화되어 영원한 영생 천국으로 들림 받습니다.

예수 그리스도를 믿는 믿음 안에서 살아갈 때 어떤 어려움이 찾아와도 걱정할 필요가 없습니다. 주님이 우리와 함께하시기 때문입니다. 하나님은 어떤 상황에서도 우리를 버리지도, 떠나지도 않으십니다.

하나님이 나를 버려서 고난당하는 것이 아닙니다. 하나님의 사랑이 식어서 인생이 비참해지는 것도 아닙니다. 하나님이 나를

떠나서 인생이 고단한 것도 아닙니다.

창세기부터 요한계시록까지 성경 어디에도 '예수 믿는 사람은 절대로 고난이 없다'는 말이 없습니다. 오히려 세상에서 환난을 당하나 우리 주 예수 그리스도께서 세상을 이기셨기 때문에 더욱 담대하라고 말씀합니다.

> "사랑하는 자들아 너희를 연단하려고 오는 불 시험을 이상한 일 당하는 것같이 이상히 여기지 말고 오히려 너희가 그리스도의 고난에 참여하는 것으로 즐거워하라 이는 그의 영광을 나타내실 때에 너희로 즐거워하고 기뻐하게 하려 함이라 너희가 그리스도의 이름으로 치욕을 당하면 복 있는 자로다 영광의 영 곧 하나님의 영이 너희 위에 계심이라"(벧전 4:12-14)

고난이 휘몰아쳐도 기뻐하고 즐거워하라니요. 쉽게 '아멘'으로 화답할 수 있는 말씀이 아닙니다. 베드로는 예수 그리스도를 믿는다는 이유로 고난을 당했습니다. 명예와 권세는 물론 출세가도의 미래가 보장된 바울도 예수 그리스도를 좇기 위해 모든 것을 버리고 고난의 길에 동참했습니다. 그들은 왜 기꺼이 예수 그리스도의 고난에 동참했습니까? 그리고 베드로는 어째서 그 고난을 이상하게 여기지 말고 즐거워하라고 했습니까? 고난 당하는 나를 주님의 영광이 오롯이 덮어 주기 때문입니다.

바울과 실라는 빌립보에서 점치는 여인에게 붙어 있던 귀신을 쫓아냈다는 이유로 감옥에 갇혔습니다. 귀신이 붙은 여인의 입장에선 바울이 고마운 존재입니다. 하지만 이 여인을 앞세워 돈벌이하던 자들에게 바울은 돈벌이를 망친 사람입니다.

발목에 착고가 채워져 지하 감옥에 갇힌 바울과 실라는 그럼에도 전혀 실망하지 않고 오히려 소리 높여 하나님을 찬송하고 기도했습니다. 그날 밤 바울과 실라는 옥을 지키는 간수와 그의 가족에게 복음을 전하고 구원에 이르게 했습니다.

이것이 하나님이 일하시는 방식입니다.

일반적으로 복음을 전하다 옥에 갇히면 원망하는 마음이 올라오지 않겠습니까? 더구나 귀신을 쫓아내는 선한 일을 했는데 도리어 비난을 받았다면 얼마나 화가 나겠습니까?

그런데도 바울과 실라는 그러지 않았습니다. 이유가 무엇입니까? 바울과 실라는 이를 그리스도의 고난에 참여하는 것으로 보았습니다. 그래서 즐거워할 수 있었습니다.

환난이나 고난을 당하면 처음엔 두렵고 화가 나고 속상합니다. 하지만 하나님의 사람은 이 모든 것을 가지고 하나님께 나아가 엎드립니다. 하나님을 전적으로 신뢰하기에 불평하거나 원망하는 대신 하나님께 모든 짐을 온전히 드립니다. 그러면 고난도 즐겁게 받을 수 있습니다. 바울과 실라처럼 하나님을 찬양할 수 있습니다.

미국 스탠퍼드대학교 설립 배경에는 슬픈 이야기가 있습니다.

미 대륙횡단철도를 건설한 릴랜드 스탠퍼드는 결혼한 지 18년 만에 아들(Leland Stanford, Jr)을 얻었습니다. 아내 제인이 40세, 스탠퍼드가 44세에 어렵사리 얻은 아들입니다. 부모의 사랑을 한 몸에 받고 자라던 아들이 열다섯 살 때 갑자기 건강이 나빠지자 부인이 아들의 건강 회복을 위해 유럽으로 떠났습니다. 하지만 이탈리아 여행 중에 아들은 장티푸스에 걸려 앓다가 열여섯 살에 죽고 말았습니다.

스탠퍼드는 아들을 잃은 슬픔으로 식음을 전폐하며 비탄에 빠졌습니다. 그런 그에게 어느 날 아들이 꿈속에 나타나 "아빠, 할 일이 많아요. 남을 위해 사세요" 하고 말했습니다. 다음 날 잠에서 깬 스탠퍼드는 정신이 번쩍 들어서 절망에서 빠져나왔습니다. 그리고 '캘리포니아의 아이들이 곧 나의 아이들'이라는 생각으로 대학을 건립하고 아들의 이름을 따서 '릴랜드 스탠퍼드 주니어 대학교'라고 명명했습니다. 지금은 이를 줄여 스탠퍼드대학교라고 부릅니다.

스탠퍼드대학교의 중심 건물인 예배당(스탠퍼드대학교 기념교회)

벽에는 다음과 같은 글귀가 새겨져 있습니다.

"하나님께서 고통을 통하여 인간에게 가장 가까이 다가오신다. 또한 고통을 통하여 인간이 하나님께 가장 가까이 다가간다."

스탠퍼드는 꿈속에 나타난 아들로 인해 수많은 고아들의 아버지가 되었습니다. 하나님은 독생자 예수 그리스도를 통해 고아처럼 버려진 우리의 아버지가 되어 주셨습니다. 교회는 주님이 이 땅에 세우신 하나님 나라의 모형입니다. 스탠퍼드가 대학을 세워 고아들의 미래가 되어 준 것처럼 교회도 주님이 세우신 우리의 소망이며 미래입니다.

예수 믿는 우리는 온 천하를 다니며 고아처럼 버려진 사람들을 교회로 인도해야 합니다. 하나님이 세우신 교회로 인도함으로 하나님 나라를 경험하게 해야 합니다.

하나님의 생명, 하나님의 사랑, 하나님의 성령이 우리에게 임하면 인생에 꽃이 피고 열매가 맺힙니다.

> "그런즉 이 일에 대하여 우리가 무슨 말하리요 만일 하나님이 우리를 위하시면 누가 우리를 대적하리요 자기 아들을 아끼지 아니하시고 우리 모든 사람을 위하여 내주신 이가 어찌 그 아들과 함께 모든 것을 우리에게 주시지 아니하겠느냐 누가 능히 하나님께서 택하신 자들을 고발하리요 의

롭다 하신 이는 하나님이시니 누가 정죄하리요 죽으실 뿐 아니라 다시 살아나신 이는 그리스도 예수시니 그는 하나님 우편에 계신 자요 우리를 위하여 간구하시는 자시니라" (롬 8:31-34)

독생자 예수 그리스도를 나를 위해 내어주신 하나님은 언제나 내 편이십니다. 예수 그리스도를 믿음으로 하나님의 자녀가 되는 자격을 얻었기 때문입니다. 그리고 내가 하나님을 아버지라고 부르는 이유 하나로 성령께서 나를 변호해 주십니다. 나를 의롭다고 하신 분이 하나님이시기에 그 누구도 나를 정죄할 수 없습니다.

이것이 바로 우리와 다른 하나님의 사랑이며, 이 사랑 안에 있을 때 우리는 안전하며 자유할 수 있습니다.

Chapter 8

연단

영혼이 잘되어야 삶이 살아납니다

새해가 되면 수십만 명이 해돋이 명소를 찾아가 떠오르는 태양을 보며 소원을 빕니다. 수많은 인파를 헤치고 거기까지 가는 정성이 지극합니다.

"무슨 복을 달라고 그렇게 빌었습니까?"

"가족이 건강하고, 하는 일이 잘되며, 행복하길 빌었습니다."

이렇듯 모든 사람이 평탄한 삶을 바랍니다. 하지만 새해에 밝아 오는 태양이 사람들의 이 같은 소원을 들어줄 리 만무합니다.

복은 하나님이 주시는 것입니다.

당신은 사랑받기 위해
태어난 사람입니다

하나님 아버지는 우리를 사랑하십니다. 우리는 하나님의 사랑과 복을 받기 위해 예수 그리스도 안에서 택함 받은 하나님의 자녀

입니다.

> "하나님이 세상을 이처럼 사랑하사 독생자를 주셨으니 이는 그를 믿는 자마다 멸망하지 않고 영생을 얻게 하려 하심이라"(요 3:16)

미국의 최대 온라인 성경 사이트인 '바이블게이트웨이'가 크리스천들을 상대로 조사한 결과에 의하면, 전 세계 크리스천들이 가장 좋아하는 성경 구절로 요한복음 3장 16절을 꼽았다고 합니다. 그리고 크리스천들이 가장 많이 검색하는 키워드는 '사랑'이라고 합니다. 이처럼 우리는 사랑받기를 갈망합니다. 그런 우리를 하나님은 아무 조건 없이 맹목적으로 사랑하십니다. 누구든지 예수 그리스도를 믿으면 하나님의 자녀가 되어 하나님의 한없는 사랑을 받을 수 있습니다.

하나님은 왜 자신의 독생자를 세상에 보내셔서 그를 믿는 자들을 구원하시는 걸까요?

> "그는 허물과 죄로 죽었던 너희를 살리셨도다 그때에 너희는 그 가운데서 행하여 이 세상 풍조를 따르고 공중의 권세 잡은 자를 따랐으니 곧 지금 불순종의 아들들 가운데서 역

사하는 영이라 전에는 우리도 다 그 가운데서 우리 육체의 욕심을 따라 지내며 육체와 마음의 원하는 것을 하여 다른 이들과 같이 본질상 진노의 자녀이었더니"(엡 2:1-3)

죄를 지은 인간은 악한 사탄 마귀의 꾐에 빠져 하나님의 생명과 사랑을 떠나 살아갑니다. 그런데 이것은 뿌리가 뽑힌 나무의 운명과 같습니다. 살아 있으나 죽은 것이나 다름없는 삶입니다.

"우리가 아직 죄인 되었을 때에 그리스도께서 우리를 위하여 죽으심으로 하나님께서 우리에 대한 자기의 사랑을 확증하셨느니라"(롬 5:8)

하지만 하나님과 생명과 사랑의 관계에 있는 우리는 이미 그 사랑으로 호흡하고 누리며 살고 있습니다. 우리는 사랑받기 위해 태어난 사람입니다. 하나님의 복을 받기 위해 선택 받은 사람입니다.

하지만 그렇더라도 세상의 환난과 고난, 역경을 피할 수는 없습니다. 하나님의 사랑을 받는다고 해서 만사가 뜻대로 되는 것이 아닙니다. 또 만사가 내 뜻대로 된다고 해서 그것이 복을 받은 증거가 되는 것도 아닙니다.

우리는 때로 생각지도 않던 시련 앞에서 무너질 때가 있습니다. 나를 사랑하고 복 주기 위해 선택하셨다는 하나님께서 왜 내게 이런 고난을 주시는지 이해할 수 없어서 괴롭기도 합니다. 하지만 이때에도 하나님은 우리를 사랑하시고 복 주시는 아버지입니다.

> "여호와의 말씀이니라 너희를 향한 나의 생각을 내가 아나니 평안이요 재앙이 아니니라 너희에게 미래와 희망을 주는 것이니라"(렘 29:11)

하나님의 계획은 우리에게 평안과 희망을 주는 것입니다. 고난이 닥치면 나도 모르게 하나님의 사랑을 의심하며 원망하고 불평을 늘어놓곤 합니다. 하지만 그때에 우리가 기억할 말씀이 바로 예레미야 29장 11절입니다. 이 말씀을 믿음으로 붙들 때 나의 생각이나 계획이 아니라 하나님의 생각과 계획에 집중하게 됩니다. 신비롭고 놀라운 비밀이 하나님의 뜻과 계획 속에 담겨 있기 때문입니다.

> "이는 내 생각이 너희의 생각과 다르며 내 길은 너희의 길과 다름이니라 여호와의 말씀이니라 이는 하늘이 땅보다 높음 같이 내 길은 너희의 길보다 높으며 내 생각은 너희의

생각보다 높음이니라"(사 55:8-9)

하나님의 생각대로 살아가겠습니까, 아니면 내 생각대로 살아가겠습니까? 하나님의 계획을 따라 살기 위해 크리스천이 되었습니까, 아니면 내 계획을 따라 살기 위해 크리스천이 되었습니까?

우리는 하나님의 뜻대로, 하나님의 계획을 따라 살기 위해 하나님의 자녀가 되었고, 그분의 사랑이 필요한 사람들입니다.

연단은 어제보다 더 나은 내일을 위해 필요한 훈련입니다. 더 큰 일꾼이 되기 위해 고난이라는 훈련이 필요합니다. 하나님은 고난을 통해 우리를 훈련시키십니다.

"누가 우리를 그리스도의 사랑에서 끊으리요 환란이나 곤고나 박해나 기근이나 적신이나 위험이나 칼이랴 기록된 바 우리가 종일 주를 위하여 죽임을 당하게 되며 도살당할 양같이 여김을 받았나이다 함과 같으니라"(롬 8:35-36)

바울은 어떤 어려움 가운데 있을지라도 결코 하나님의 사랑에서 끊어진 것이 아니라고 했습니다.

"내가 확신하노니 사망이나 생명이나 천사들이나 권세자들

> 이나 현재 일이나 장래 일이나 능력이나 높음이나 깊음이나 다른 어떤 피조물이라도 우리를 우리 주 그리스도 예수 안에 있는 하나님의 사랑에서 끊을 수 없으리라"(롬 8:38-39)

사도 바울과 같이 예수 그리스도의 십자가 사랑을 가슴 깊이 체험하기를 소망하십시오.

열심히 신앙생활 해도 고난의 폭풍우가 휘몰아칠 수 있습니다. 가정이 풍비박산 나고 잘나가던 사업이 일순간에 무너지기도 합니다. 하나님이 마치 나를 버린 것만 같습니다. 모든 사람들이 나를 향해 조롱하고 비웃는 것 같아 고통스럽습니다.

그럴 때 더욱더 예수님의 십자가를 바라보십시오. 십자가의 고난을 받고 부활하신 예수님의 길에 동참하는 것임을 알게 될 것입니다. 여전히 사랑으로 지키시는 하나님을 발견하게 될 것입니다.

> "사랑하는 자들아 너희를 연단하려고 오는 불 시험을 이상한 일 당하는 것같이 이상히 여기지 말고 오히려 너희가 그리스도의 고난에 참여하는 것으로 즐거워하라 이는 그의 영광을 나타내실 때에 너희로 즐거워하고 기뻐하게 하려 함이라"(벧전 4:12-13)

하나님이 우리를 미워해서 재앙을 주시는 것이 아닙니다. 사랑하기 때문에 훈련하시는 것입니다. 내 고집과 교만, 미련함과 어리석음은 저절로 깨뜨려지지 않습니다. 절대로 잔소리로 해결되지 않습니다. 사망의 음침한 골짜기에 이르러서야 내가 붙든 것들을 버릴 수 있습니다. 그리고 오직 하나님 아버지 한 분만 믿고 의지하게 됩니다. 하나님은 당신만 부여잡고 살아가는 자에게 그분의 선하심과 인자하심을 맛보아 알게 하십니다.

하나님도 근심하십니다

> "여호와께서 사람의 죄악이 세상에 가득함과 그의 마음으로 생각하는 모든 계획이 항상 악할 뿐임을 보시고 땅 위에 사람 지으셨음을 한탄하사 마음에 근심하시고"(창 6:5-6)

사람은 피조물 가운데 하나님의 형상과 모양을 따라 지음 받은 유일한 존재입니다. 그러나 하나님의 말씀을 거역하고 타락하니 마음의 생각과 계획이 모두 악할 뿐입니다. 그 악함은 하나님이 세상에 사람을 만드신 일을 한탄하고 근심하실 정도였습니다.

자녀를 둔 부모의 마음이 이와 같습니다. 내가 낳은 자식이 나쁜 짓을 일삼으면 한탄하며 근심합니다. 자식 때문에 가슴에 멍이 시퍼렇게 든 부모들이 많습니다.

> "만물보다 거짓되고 심히 부패한 것은 마음이라 누가 능히 이를 알리요마는"(렘 17:9)

자연은 하나님의 창조 원리대로 순환합니다. 절대로 스스로 부패하지 않습니다. 하지만 인간은 스스로 부패해서 자연을 훼손하고 질서를 어지럽힙니다.

인간은 왜 스스로 부패합니까?

하나님과 관계하며 살아야 할 인간이 하나님을 거역하고 등졌기 때문입니다. 인간이 욕심 때문에 마귀의 꾐에 넘어갔기에 마음이 부패할 수밖에 없습니다. 마음이 부패했다는 것은 곧 영혼이 잘못되었음을 의미합니다.

오늘날 세상에서 일어나는 모든 일들이 로마서 1장 28절 이하에 조목조목 기록되어 있습니다.

> "또한 그들이 마음에 하나님 두기를 싫어하매 하나님께서 그들을 그 상실한 마음대로 내버려 두사 합당하지 못한 일

을 하게 하셨으니 곧 모든 불의, 추악, 탐욕, 악의가 가득한 자요 시기, 살인, 분쟁, 사기, 악독이 가득한 자요 수군수군하는 자요 비방하는 자요 하나님께서 미워하시는 자요 능욕하는 자요 교만한 자요 자랑하는 자요 악을 도모하는 자요 부모를 거역하는 자요 우매한 자요 배약하는 자요 무정한 자요 무자비한 자라 그들이 이 같은 일을 행하는 자는 사형에 해당한다고 하나님께서 정하심을 알고도 자기들만 행할 뿐 아니라 또한 그런 일을 행하는 자들을 옳다 하느니라"(롬 1:28-32)

하나님을 내어 쫓은 영혼은 부패합니다. 더러운 귀신이 그 영혼을 지배하기 때문입니다. 그러므로 성령께서 내 영혼을 온전히 주장하기를 갈구하십시오.

찬송가 '나 같은 죄인 살리신'은 전 세계인의 애창곡입니다. 이 찬송의 작사자인 존 뉴턴은 불행한 성장기를 보냈습니다. 가톨릭 신자인 아버지와 독실한 개신교도인 어머니 사이에서 태어난 존 뉴턴은 청년 시절, 매우 불량하고 방탕하게 살았습니다. 아버지는 아무리 가르치고 타일러도 그가 말을 듣지 않자 영국의 해군에 입대시킴으로써 그가 바른 길로 돌아오기를 바랐습니다. 하지만 엄격하고 규칙적인 군대 생활에 적응하지 못한 뉴턴은 탈영을 시도했다가 체포되어 영창 신세를 지게 되었습니다. 그런 뒤에도 그는 전혀 변함이 없었고, 함장은 화가 나서 그를 아프리카 노예선에 팔아넘겨 버렸습니다.

존 뉴턴은 15개월 동안 아프리카의 어느 작은 섬에 갇혀서 노예와 같은 비참한 삶을 살다가 탈출을 감행해 극적으로 영국 무역선에 구조되어 영국으로 돌아올 수 있었습니다. 그런데 놀랍게도 존 뉴턴은 영국으로 돌아온 뒤 아프리카 흑인들을 잡아다가 팔아넘기는 노예 무역상이 되었습니다. 당시 납치되어 수송선에 태워진 흑인들은 비참하기 이를 데 없었습니다. 수많은 흑인을 한꺼번에 태우는 바람에 그들은 목적지에 도착하기 전에 이미 간염, 탈수증, 영양실조 등으로 죽음을 맞았고, 설사 살아남았더라도 가축 이하의 대우를 받으며 노예로 살아야 했습니다. 존 뉴턴은 이처럼 잔인한 일을 해서 돈을 많이 벌었습니다.

그러던 1748년 5월 10일, 존 뉴턴은 바다 위에서 심한 폭풍우를 만났습니다. 마침내 이렇게 죽는구나 싶을 때 그는 하나님 앞에 고꾸라졌습니다. "주여 자비를 베푸소서!" 살려 달라고, 새사람이 되겠다고 마음을 다해 기도했습니다. 하지만 그런 중에도 지난날 자신의 악행을 생각할 때 하나님께서 자신을 결코 용서하지 않을 것 같아 절망했습니다. 그러나 하나님은 죄를 용서하셨을 뿐 아니라 그의 기도에 응답하셔서 그를 무사히 육지로 데

려다 주셨습니다.

존 뉴턴은 이 일을 겪은 뒤 하나님은 살아 계셔서 어떤 죄인이라도 용서하시며 자신을 사랑으로 기억하신다는 것을 깨닫게 되었습니다. 불량배이며 인신매매범이던 그가 완전히 변화되어 마침내 성공회 목사가 되었습니다. 그리고 1779년 그의 나이 54세에 유명한 찬송가 '나 같은 죄인 살리신'(Amazing grace)을 작사했습니다. 지난날 흑인 노예무역이라는 끔찍한 죄를 지은 것을 회개하고 그런 그를 용서하신 하나님께 감사하며 쓴 노래입니다.

악한 영에 사로잡히면 극악무도한 인신매매범이 되나 그 영혼이 잘되면 변화된 인생을 살게 됩니다.

한 사람의 영혼이 잘못되어 더러운 귀신에 사로잡히면 그의 가족과 나라와 민족이 고난을 당합니다. 2차 세계대전을 일으키고 유대인을 잔인하게 학살한 아돌프 히틀러로 인해 독일은 당시 패전국이 되어 전 국민이 고통과 수치의 나날을 보내야 했습니다. 히틀러는 지금까지도 세계를 혼란에 빠뜨린 죄인 중에 죄인입니다. 지구상에서 가장 폐쇄적인 나라 북한 역시 잘못된 영혼들 때문에 온 나라가 고통 받고 있습니다.

> "형제들이 와서 네게 있는 진리를 증언하되 네가 진리 안에서 행한다 하니 내가 심히 기뻐하노라 내가 내 자녀들이 진

리 안에서 행한다 함을 듣는 것보다 더 기쁜 일이 없도다"
(요삼 1:3-4)

영혼이 잘되도록 지키려면 하나님의 말씀을 따라 살아야 합니다. 그리고 내 영혼뿐 아니라 형제와 가족과 이웃의 영혼이 잘되기를 바라며 기도해야 합니다. 그들이 하나님의 말씀을 따라 살아가는 것만큼 더 큰 기쁨이 없다고 말한 사도 바울처럼 우리도 기쁨을 누려야 합니다.

하나님은 우리 영혼이
잘되기를 바라십니다

개인과 가정과 나라와 민족이 잘되기 위해서는 반드시 영혼이 잘되어야 합니다.

"예수를 너희가 보지 못하였으나 사랑하는도다 이제도 보지 못하나 믿고 말할 수 없는 영광스러운 즐거움으로 기뻐하니 믿음의 결국 곧 영혼의 구원을 받음이라"(벧전 1:8-9)

왜 예수를 믿습니까? 예수를 믿는 이유가 무엇입니까? 무엇을 얻기 위해 교회에 나와서 예배드립니까?

영혼의 구원을 얻으려는 것입니다. 영혼이 잘되기를 원하는 까닭입니다. 영혼이 잘되기 위해서는 어떻게 해야 합니까?

> "여호와의 율법은 완전하여 영혼을 소성시키며 여호와의 증거는 확실하여 우둔한 자를 지혜롭게 하며 여호와의 교훈은 정직하여 마음을 기쁘게 하고 여호와의 계명은 순결하여 눈을 밝게 하시도다"(시 19:7-8)

하나님의 말씀이 영혼을 소생시킵니다. 주야로 하나님의 말씀을 묵상하면 영혼이 새 힘을 얻어 왕성하게 됩니다. 하지만 이것이 말이나 생각처럼 쉬운 것은 아닙니다. 돌처럼 굳어진 강퍅한 마음이 쉽게 변하지 않기 때문입니다. 10년 넘게 교회에 다니고, 성경을 수차례 필사하고, 예배를 수백 번 드려도 인격과 삶이 변화되지 않는 사람이 많습니다.

그런데 이것을 이상하게 생각할 것 없습니다.

우리나라는 어린 유치원생부터 대학생들까지 영어를 배웁니다. 15년 이상 영어를 배우는데도 외국인 앞에 서면 머리가 하얘지고 입이 얼어붙어 버립니다. 용기를 내어 입을 열어 보지만 외

국인이 내 발음을 못 알아듣습니다. 설사 내 말을 알아듣고 답을 해도 내가 외국인의 말을 못 알아듣습니다.

영어가 모국어인 미국이나 영국에선 어린아이도 영어를 잘합니다. 우리 역시 한국어를 자유자재로 합니다. 하지만 영어는 아무리 오랜 세월 배워도 모국어만큼 자연스럽게 말하지 못합니다.

예수를 믿는 것도 마찬가지입니다.

교회 안에서 여러 사람과 함께 예배를 드릴 때는 하나님의 자녀다운 것 같습니다. 마음에 은혜와 기쁨이 넘칩니다. 하지만 교회 문 밖을 나서기가 무섭게 은혜의 단비가 증발해 버리고 순식간에 세상의 자녀가 된 것 같습니다.

하나님의 말씀이 내 인생과 동떨어져 있기 때문입니다. 세상의 삶이 익숙하고 더 자연스럽기 때문입니다. 그러므로 영혼이 잘되기 위해선 말씀을 열 번, 백 번 되새김질하고 순종하여 그 말씀을 따라 살아야 합니다. 말씀과 삶이 동떨어지지 않도록 말씀을 마음과 몸으로 새겨야 합니다.

> "내 영혼아 여호와를 송축하라 내 속에 있는 것들아 다 그의 거룩한 이름을 송축하라 내 영혼아 여호와를 송축하며 그의 모든 은택을 잊지 말지어다 그가 네 모든 죄악을 사하시며 네 모든 병을 고치시며 네 생명을 파멸에서 속량하시고 인자

와 긍휼로 관을 씌우시며 좋은 것으로 네 소원을 만족하게 하사 네 청춘을 독수리같이 새롭게 하시는도다"(시 103:1-5)

영혼이 잘되면 하나님께서 모든 질병과 저주를 고쳐 주십니다. 더러운 질병이 한 길로 왔다 일곱 길로 떠나갑니다. 인생막장이라며 낙심하고 좌절한 자에게 인자와 긍휼로 관을 씌워 주십니다. 꿈도 미래도 없는 아득한 청춘들에게 하나님께서 살아 계심을 보여 주십니다.

하나님의 말씀을 든든히 붙잡고 믿음으로 나가면 하나님이 예비하신 길과 소망이 보입니다.

원로배우 엄앵란 씨가 어느 TV 프로그램에 패널로 나왔다가 방송 도중 유방암에 걸린 사실을 알게 되었습니다. 갑작스러운 진단 결과에 많은 사람들이 충격을 받아 잠시 녹화가 중단되기도 했습니다. 제작진은 이 내용을 방송에 내보내야 할지 고민했습니다. 그런데 의료진과 제작진이 엄앵란 씨에게 자초지종을 설명했을 때 엄앵란 씨의 반응이 참으로 의연했습니다. "여든 넘게 살았는데 암이 생길 수도 있지 않습니까"라면서 "나는 괜찮으니 다들 기운을 내서 녹화를 끝내십시다" 하고 오히려 주위를 격려했다는 것입니다.

엄앵란 씨가 예수님을 믿는다는 이야기는 듣지 못했습니다.

그러나 예수님을 믿는 사람들보다 더 당당하고 멋있었습니다. 팔십 평생에 인생의 우여곡절을 겪으면서 무엇이든 수용할 수 있는 내공이 쌓인 것입니다.

영혼이 잘되면 강하고 담대하게 무엇이든 이겨 낼 수 있습니다. 하나님께서 함께하시면 두려울 것도 놀랄 것도 없습니다.

Chapter 9

마음 지킴

생각을 지켜야 승리합니다

사람들은 '마음'과 '생각'이라는 단어를 동의어로 생각하나 그렇지 않습니다. 마음은 밭이고, 생각은 그 밭에 심겨진 씨앗과 같습니다. 동일한 밭이라도 장미를 심으면 아름다운 장미꽃이 피어나고, 가시나무를 심으면 가시덤불이 무성해집니다.

예수님은 씨 뿌리는 비유에서 말씀은 씨와 같고 그 씨가 뿌려진 밭은 사람의 마음과 같다고 하셨습니다.

사람이 살아가면서 지켜야 할 행동과 규칙은 무궁무진합니다. 우리가 지켜야 할 수없이 많은 것들 중에 특별히 성경은 마음을 지키라고 합니다. 마음에서 생명의 근원이 나오기 때문입니다.

> "모든 지킬 만한 것 중에 더욱 네 마음을 지키라 생명의 근원이 이에서 남이니라"(잠 4:23)

프란치스코 교황의 저서인 《뒷담화만 하지 않아도 성인이 됩니다》에는 이런 이야기가 나옵니다.

> "'뒷담화는 사람을 해칠 수 있습니다. 뒷담화는 사람들의 명성을 헐뜯는 것이니까요. 그래서 뒷담화는 매우 고약한 것입니다. 물론 처음에는 빨아먹는 캐러멜처럼 좋거나 재밌어 보일 수 있습니다. 하지만 결국에는 우리를 불쾌하게 하고, 우리 역시도 망치고 말지요! 제가 확신을 갖고 여러분에게 진실을 말씀드리지요! 만약 우리 모두가 뒷담화를 하고자 하는 욕구를 다스릴 수만 있다면, 종국에 가서는 모두 성인이 될 것입니다."

마음을 지키는 것은 마음을 다스리는 것입니다. 마음을 지킬 수 있는 힘의 원천은 하나님의 말씀입니다. 그 말씀을 지켜 행해야 마음을 지킬 수 있습니다.

> "내 아들아 내 말에 주의하며 내가 말하는 것에 네 귀를 기울이라"(잠 4:20)

나의 마음 밭에 심긴 하나님의 말씀을 지켜야 합니다. 그 말씀이 내 속에서 싹이 나고 자라가야 합니다. 꽃이 피고 열매가 주렁주렁 맺혀 주인을 영화롭게 하며, 모든 사람들에게 아름다운 덕을 세울 수 있어야 합니다.

사람들의 삶의 모습은 천태만상입니다. 생김새가 다른 것같이 사는 모습도 제각각입니다. 그러나 성경은 사람이 사는 모습을 본질적으로 두 종류로 구분합니다.

육신의 일을 생각하며 사는 사람과 영의 일을 생각하며 사는 사람입니다.

육신의 일을 도모하는 사람은 본성적인 일만 생각합니다. 언제나 내 욕심과 내 생각을 중심으로 자기 자신만을 위해서 살아갑니다.

영의 일을 도모하는 사람은 하나님의 일을 생각합니다. 내 앞에 당면한 문제에 대해서 하나님이 어떻게 생각하실지 고민하고, 내가 생각하고 말하는 모든 것을 하나님께서 과연 기뻐하실까 인식하며 살아갑니다.

세상에는 두 종류의 사람이 있습니다

로마서 8장 5절을 쉬운성경은 이렇게 번역했습니다.

"죄의 본성을 따라 사는 사람들은 죄의 본성이 바라는 일을

생각하지만, 성령을 따라 사는 사람들은 성령이 바라시는 일을 생각합니다."(롬 8:5, 쉬운성경)

이 세상에는 죄의 본성을 따라 사는 사람과 성령의 본성을 따라 사는 사람이 있습니다.

육신의 생각이란 죄의 본성을 따르는 것입니다. 육신의 생각으로 사는 사람들의 마음과 생각 속에는 창조주 하나님이 계시지 않습니다. 하나님의 생각과 마음이 무엇인지 알지도 못하고, 알려고도 하지 않습니다. 오직 자기 자신의 욕망과 본성으로 충만해 있습니다. 사랑과 생명과 복의 근원이며 절대 주권자이신 창조주 하나님 아버지를 저버리고 자기 생각과 주장을 앞세우며 자기 멋대로 살아갑니다.

"육신의 생각은 하나님과 원수가 되나니 이는 하나님의 법에 굴복하지 아니할 뿐 아니라 할 수도 없음이라"(롬 8:7)

육신의 생각으로 사는 사람은 하나님을 원수같이 여기며 하나님을 인정하지 않습니다. 하나님의 법에 굴복하지 않으면 하나님의 말씀에 귀 기울이지 않게 됩니다. 그러니 하나님의 법에 순종하지도, 순종할 수도 없습니다.

육신의 생각으로 사는 사람은 하나님을 기쁘시게 해드릴 수 없습니다. 자기 생각, 자기 방법, 자기주장이 옳다고 생각하기 때문입니다.

뉴스에서 보니 황혼이혼이 꾸준히 늘어나는 추세라고 합니다. 그런데 그 이유를 들어 보면 "더 이상 참고 살기 싫다" 혹은 "더 이상 같이 살기 싫다"는 대답이 많았습니다. 러시아의 대문호 톨스토이가 "모든 사람들이 세상을 바꾸겠다고 생각하지만 어느 누구도 자기 자신을 바꿀 생각은 하지 않는다"고 말했는데 과연 그렇습니다. 내 고집과 성격, 내 주장을 바꿀 생각이 없기 때문에 미움과 분노가 폭발하고, 우울증과 스트레스에 시달리며, 고단한 인생을 살게 되는 것입니다.

> "여호와께서 사람의 죄악이 세상에 가득함과 그의 마음으로 생각하는 모든 계획이 항상 악할 뿐임을 보시고 땅 위에 사람 지으셨음을 한탄하사 마음에 근심하시고"(창 6:5-6)

사람의 생각과 계획은 항상 악합니다. 하나님 없이도 살 수 있다고 생각하는 그 자체가 벌써 악합니다.

속 썩이는 자녀 때문에 남모르는 눈물을 쏟는 부모가 있습니다. 제어불능의 학생 때문에 남모르는 눈물을 흘리는 선생님도 있습니다. 고집과 자만으로 가득한 성도들을 위해 눈물로 기도하는 목사도 있습니다. 하나님은 사람을 사랑하시지만 그들이 불순종하고 하나님을 대적하면 마음이 심히 상하십니다. 근심하고 한탄하십니다.

사람들은 마음에 하나님 모시기를 싫어합니다. 하지만 하나님은 억지로 사람의 마음속을 밀고 들어오시지 않고 그대로 내버려두십니다. 상실한 마음 그대로 두십니다.

마음에 하나님을 모시지 않는 사람들은 그 마음에 불의와 추악, 탐욕, 악의, 살인, 분쟁, 사기 등이 무성합니다(롬 1:28-32).

"만물보다 거짓되고 심히 부패한 것은 마음이라…"(렘 17:9)

사람이 부패하자 자연만물이 탄식했습니다.

"피조물이 다 이제까지 함께 탄식하며 함께 고통을 겪고 있는 것을 우리가 아느니라"(롬 8:22)

타락하고 부패한 사람의 마음과 생각을 무엇으로 어떻게 고칠 수 있습니까? 세상의 수단과 방법으로는 타락한 인간의 마음과 생각을 고칠 수 없습니다.

그래서 하나님은 예수 그리스도를 이 세상에 보내셨습니다. 길이요 진리요 생명이신 예수 그리스도를 통해 하나님께로 가는 길을 열어 주시기 위해서입니다. 예수 그리스도의 십자가 대속의 은혜로 값없이 의롭다 하심을 얻은 우리는 이제 새로운 생각과 새로운 마음으로 살아갈 수 있게 되었습니다.

예수님이 내 맘에 들어오시면 추하고 더러운 생각과 마음이 깨끗해집니다. 예수님이 내 마음에 오셔서 성령으로 역사하면 새 사람이 됩니다. 어리석고 둔하고 강퍅했던 마음이 정결해지고 미련한 마음이 새롭게 됩니다.

> "그런즉 누구든지 그리스도 안에 있으면 새로운 피조물이라 이전 것은 지나갔으니 보라 새 것이 되었도다"(고후 5:17)

주님이 내 안에 오시면 육신의 정욕과 안목의 정욕, 이생의 자랑이 사라집니다. 주님이 내 인생의 주인공이 되십니다. 그리스도 예수 안에 있으면 새로운 피조물이 됩니다.

하나님의 일을 생각하며 사는 사람에게는 언제나 생명과 평강이 넘칩니다. 때로 실수도 하고 여전히 허물과 죄도 있으나 그럼에도 불구하고 하나님을 부인하고 배신하지 않으면 하나님은 우리를 끌어안아 주십니다. 우리의 연약함과 미련함을 아시기에 끝

까지 품에 안아 주십니다.

> "여호와의 말씀이니라 너희를 향한 나의 생각을 내가 아나니 평안이요 재앙이 아니니라 너희에게 미래와 희망을 주는 것이니라"(렘 29:11)

우리는 한 치 앞도 알지 못하나 하나님은 우리의 미래를 구상하고 계획하십니다.

강하고 날카로운 무쇠칼을 만들려면 뜨거운 불과 씨름하며 담금질과 망치질을 수없이 반복해야 합니다. 우리 삶에 찾아오는 환난, 시험, 고난, 역경은 우리를 망하게 하려는 것이 아니라 강하게 하시려는 하나님의 손길입니다. 그러므로 하나님의 일을 생각하는 사람은 하늘이 무너지고 땅이 꺼져도 하나님을 믿습니다. 하나님의 일을 생각하는 사람은 절대 믿음, 절대 긍정의 사람입니다. 어떤 말에도 아랑곳하지 않고 하나님을 신뢰합니다.

민수기에는 절대 믿음과 절대 긍정을 가진 사람이 나옵니다. 바로 여호수아와 갈렙입니다.

이스라엘 백성이 가나안 입성을 앞둔 상황에서, 모세는 열두 정탐꾼을 보내 가나안의 사정과 형편을 알아보라고 했습니다. 이때 열 명의 정탐꾼은 가나안 사람들에 비하면 우리는 메뚜기와 같다며 그들을 치면 우리가 반드시 죽을 것이라고 보고했습니다. 반면에 여호수아와 갈렙은 절대 믿음과 절대 긍정으로 가나안 땅을 치러 가자고 말했습니다. 그 땅을 주시겠다 약속하신 여호와께서 반드시 승리하게 하실 것이니 믿음으로 나아가자 했습니다.

열 명의 정탐꾼은 악평에 악평을 하며 백성을 불안에 떨게 했지만, 여호수아와 갈렙은 절대 믿음과 긍정으로 백성에게 용기를 주었습니다. 경기에서 진 사람은 늘 핑곗거리가 있고 패배의 원인을 남의 탓으로 돌립니다. 그러나 승자는 말이 없습니다. 오직 승리의 기쁨만 누립니다. 예수 믿는 사람은 절대로 세상에 대하여 악평을 하지 않습니다.

예수 믿고 구원받아 하나님의 자녀가 된 성도는 실패나 역경으로 망신창이가 될지라도 하나님의 자녀라는 존귀함은 변함이 없습니다. 하나님이 절대로 우리를 버려두지 않을 것이므로 실망하거나 낙담하지 않습니다.

평소에 생각하는 것이 말로 나오게 되어 있습니다. 하나님의 말씀을 지키면 하나님의 생각대로 살게 됩니다. 인생을 내 생각으로 사시겠습니까, 하나님의 생각으로 사시겠습니까?

하나님의 말씀을 주야로 묵상하면 영혼이 잘됨 같이 범사가 잘되고 강건해집니다. 생명을 얻되 풍성히 얻습니다. 하나님을 사랑하는 자, 하나님께 택함 받은 자는 말씀대로 살기를 힘쓰므

로 모든 일의 결국은 합력하여 선을 이룰 것을 압니다. 이것이 육의 일로 좌절하지 않는 이유입니다.

> "우리가 알거니와 하나님을 사랑하는 자 곧 그의 뜻대로 부르심을 입은 자들에게는 모든 것이 합력하여 선을 이루느니라"(롬 8:28)

Chapter 10

붙드심

하나님은 고난을 겪는 나와 함께하십니다

"세상에서 가장 아름답고 소중한 것은 보이거나 만져지지 않는다. 단지 가슴으로만 느낄 수 있다"고 헬렌 켈러가 말했습니다. 그렇다면 이 세상에서 가장 소중한 사람은 누구일까요? 나를 낳으시고 길러 주신 부모님입니까? 해산의 고통을 통해 얻은 내 자식입니까? 사랑하는 아내 혹은 남편입니까?

예수님은 마태복음 16장 26절에서 이렇게 말씀하십니다.

> "사람이 만일 온 천하를 얻고도 제 목숨을 잃으면 무엇이 유익하리요 사람이 무엇을 주고 제 목숨과 바꾸겠느냐"(마 16:26)

이 말씀만 놓고 보면, 내가 없으면 세상도, 하나님도 없다고 생각할 수 있습니다. 그러나 실상은 다릅니다. 내가 없어도 세상은 있고, 내가 없어도 하나님은 계십니다. 내가 죽어도 해는 뜨고, 살 사람은 살게 되어 있습니다.

죽은 사람을 앞에 놓고도 살아갈 궁리를 하는 것이 사람입니다. 그렇다면 이 세상에서 가장 소중한 사람이 누구겠습니까?

일단 '나'는 아닙니다. 내가 없어도 다른 사람들은 잠시 슬퍼할 뿐, 다시 자신에게 주어진 삶을 살아가기 때문입니다. 내 인생의 주인이 '나'인 줄 알았는데, 하나님의 은혜를 깨닫고 보니 나는 아무것도 아닙니다. 내가 존재하게 된 것은 영존하시는 창조주 하나님 아버지 때문입니다. 그러므로 일생일대에 가장 소중한 분은 '내'가 아닌 나를 지으신 '창조주 하나님'입니다.

나는 하나님의 것입니다

> "야곱아 너를 창조하신 여호와께서 지금 말씀하시느니라 이스라엘아 너를 지으신 이가 말씀하시느니라 너는 두려워하지 말라 내가 너를 구속하였고 내가 너를 지명하여 불렀나니 너는 내 것이라"(사 43:1)

개역한글은 "너를 지으신 이"를 "너를 조성하신 자"로 번역했습니다. 하나님이 '조성'하셨습니다. 나는 무엇이 필요하고, 무엇을 사용해야 할지 전혀 모르나 나를 창조하신 하나님께서는 살아가면서 필요한 모든 것을 이미 조성해 놓으셨습니다.

과학과 기술이 하루가 다르게 발전하고 있으나, 오늘 우리가 누리는 문명은 인간 스스로 이룩한 것이 아닙니다. 이 모든 지혜와 능력은 하나님의 선물입니다.

그럼에도 불구하고 인간은 사탄 마귀의 꾐에 빠져 죄를 짓게 되었고, 그 후 세상에는 고통과 저주, 미움과 분노, 시기와 질투가 들끓게 되었습니다. 그러나 하나님은 이런 인간을 외면하지 않고 구속해 주셨습니다. 하나님께서 우리 한 사람 한 사람을 지명하여 부르셨습니다.

제가 어렸을 때만 해도 겨울철이면 아이들의 옷소매가 남아나지 않았습니다. 누런 코를 쓱쓱 문질러 닦느라 옷소매가 반질반질해도 거리낌이 없었습니다. 그런 우리한테도 곱게만 보이지 않던 털털한 여자아이가 있었습니다. 행동이나 행색이 지나쳐서 언제나 아이들의 놀림감이었습니다.

시간이 흘러 제가 여의도순복음교회 대교구장이 되어 성도의 사업장에 심방을 가게 되었습니다. 주차하려는데 옆에 아주 비싼 자동차가 있어서 여간 신경 쓰인 게 아니었습니다. 서둘러 사업장으로 들어가려는데 그 차에서 한 여자가 나오더니 "재필이 아니야?" 했습니다. 목사님이 아니라 거침없이 이름을 부르다니,

깜짝 놀라 뒤돌아보았습니다. 낯이 익긴 한데 누군지는 도무지 생각나지 않았습니다. 이야기를 나누다 보니 고향에서 함께 자란 바로 그 여자아이였습니다. 동네에서 놀림 받던 그 아이가 비싼 외제차를 몰고 다니는 부잣집 사모님이 되었다니, 놀라웠습니다.

사람은 누구를 만나느냐에 따라 인생이 달라지고 상황이 달라집니다.

그런 점에서 세상에는 두 종류의 사람이 있습니다. 마귀를 주인 삼은 사람과 하나님을 주인 삼은 사람입니다.

제아무리 명예와 권세가 있다 해도 예수 그리스도를 영접하지 않으면 마귀의 종입니다. 그러나 무지하고 병들고 가난해도 예수 그리스도를 영접하고 그 이름을 믿으면 하나님의 자녀가 되는 권세를 얻습니다.

> "너희 몸은 너희가 하나님께로부터 받은 바 너희 가운데 계신 성령의 전인 줄을 알지 못하느냐 너희는 너희 자신의 것이 아니라 값으로 산 것이 되었으니 그런즉 너희 몸으로 하나님께 영광을 돌리라"(고전 6:19-20)

하나님의 형상과 모양대로 지음 받은 최상 최고의 피조물인 사람이 하나님께 불순종하였기에 마귀의 종, 죄의 종이 되었습니다. 가난, 질병, 저주, 사망이 왕 노릇하는 버림받은 존재가 된 것입니다. 그러나 예수님이 십자가에서 대속의 제물이 되어 모든 죄와 저주와 사망을 도맡아 주셨기에 이제 누구든지 주의 이름을 부르면 하나님의 자녀가 됩니다. 옛 주인인 마귀는 쫓겨나고 하나님의 소유가 되는 것입니다.

하나님은
나를 아십니다

"내가 땅 끝에서부터 너를 붙들며 땅 모퉁이에서부터 너를 부르고 네게 이르기를 너는 나의 종이라 내가 너를 택하고 싫어하여 버리지 아니하였다 하였노라 두려워하지 말라 내가 너와 함께함이라 놀라지 말라 나는 네 하나님이 됨이라 내가 너를 굳세게 하리라 참으로 너를 도와주리라 참으로 나의 의로운 오른손으로 너를 붙들리라"(사 41:9-10)

땅끝에서부터 붙들고 땅 모퉁이에서부터 부르셨다 하십니다. 땅끝, 땅 모퉁이는 별 볼일 없는 변두리 인생을 말합니다. 아무런 희망도, 꿈도 없는 버림받은 존재를 하나님 아버지께서 붙드시고 불러 주셨습니다.

낫으로 풀을 베다 보면 얼마 못 가서 망가지는 경우가 종종 있습니다. 대장간에서 물과 불로 연단하는 과정을 충분히 하지 않았기 때문입니다. 담금질을 제대로 하지 않으면 무용지물이 되고 맙니다.

우리 역시 하나님께서 성령의 불로 태워 주셔서 정금같이 나오게 하셨습니다. 그러므로 불같은 시험이라도 이상한 일을 당하는 것같이 여기지 마시기 바랍니다. 연단한 후에는 정금같이 나오게 됩니다. 불같은 시험이 찾아올 때 놀라거나 두려워하지 마십시오. 하나님께서 우리를 굳세게 하려는 것입니다.

> "그러나 내가 가는 길을 그가 아시나니 그가 나를 단련하신 후에는 내가 순금같이 되어 나오리라"(욥 23:10)

인간이 겪을 수 있는 모든 불행을 다 겪은 욥이 고백한 말입니다. 그렇게 심각한 상황에서도 욥은 입술로라도 범죄하지 않았다고 성경은 증언합니다.

우리 역시 살면서 욥과 같은 고난을 겪을 수 있습니다. 험산준령이 떡 버티고 있어 오도 가도 못하게 할 수 있습니다. 그런 때라도 욥처럼 입술로라도 범죄하지 않으며 인내로 기다려야 합니다. 절대 놀라거나 두려워하지 않으며 주님께서 길을 열어 주실 때까지 기도와 믿음으로 인내해야 합니다. 하나님이 단련하신 후에는 반드시 순금처럼 귀하게 만들어 주십니다.

아무리 값진 물건도 알아보는 사람이 없으면 질그릇처럼 하찮게 사용될 뿐입니다. 그것의 가치를 알아보는 사람을 만나야 보배롭고 존귀한 대접을 받을 수 있습니다.

하나님은 독생자 예수 그리스도를 내어주실 만큼 우리를 보배롭고 존귀하게 여기십니다. 우리를 사랑하시되 세상 끝 날까지 영원토록 사랑하십니다. 그러므로 예수 믿고 구원받은 성도는 자학해서도, 비하해서도 안 됩니다. 우리는 하나님의 자녀이자 하나님께 사랑받는 존재이기 때문입니다.

예수 믿는 사람은 절대로 열등감이나 피해의식 속에서 살아선 안 됩니다. 원망하고 불평하며 부정적으로 생각해서도 안 됩니다.

살다 보면 실패하기도 하고 실수하기도 합니다. 도무지 넘을 수 없을 것 같은 장애물을 만나기도 합니다. 하나님께서 나의 환난에 침묵하시는 것처럼 느껴질 때도 있습니다. 마음이 상해 하나님을 떠나고 싶을 때도 있습니다. 세상과 비교해서 열등감에 빠지기도 하고 상처 때문에 피해의식에 젖기도 합니다.

하지만 그 모든 순간에 하나님은 결코 나를 떠난 적이 없으십니다. 주무시지도 않고 눈동자와 같이 지키십니다. 환난 가운데 있다면 이 사실을 반드시 기억하기 바랍니다.

> "그리스도께서 우리를 위하여 저주를 받은 바 되사 율법의 저주에서 우리를 속량하셨으니 기록된 바 나무에 달린 자마다 저주 아래에 있는 자라 하였음이라 이는 그리스도 예수 안에서 아브라함의 복이 이방인에게 미치게 하고 또 우리로 하여금 믿음으로 말미암아 성령의 약속을 받게 하려 함이라"(갈 3:13-14)

하나님은 자기 아들을 십자가에 내어줄 만큼 우리를 사랑하신 분입니다. 우리를 얼마나 귀하게 여기셨으면 친히 육신이 되어 세상 가운데 오셔서 그 고난을 받고 십자가에 자신을 못 박겠습니까? 당신은 하나님께 사랑받기 위해 태어난 사람입니다. 그러니 두려워하지 마십시오. 낙심하지 마십시오. 열등감과 피해의식에 자기를 내어 맡기지 마십시오.

물론 우리는 허물이 많고 어리석으며 연약합니다. 그럼에도 하나님은 우리가 어떤 형편에 있든지 사랑하기로 작정하신 분입니다. 또한 성령께서 말할 수 없는 탄식으로 우리를 위해 중보하며 도우십니다.

이 사실을 믿는 믿음의 사람이 되시기 바랍니다. 사람들이 뭐라 하든 하나님이 나를 사랑하고 귀하게 여기심을 믿는 것이 믿음입니다. 사도 바울처럼 배짱 있는 믿음을 가지십시오. 하나님 앞에서 뻔뻔할 만큼 당당해지기 바랍니다.

> "그런즉 이 일에 대하여 우리가 무슨 말 하리요 만일 하나님이 우리를 위하시면 누가 우리를 대적하리요 자기 아들을 아끼지 아니하시고 우리 모든 사람을 위하여 내주신 이가 어찌 그 아들과 함께 모든 것을 우리에게 주시지 아니하겠느냐"(롬 8:31-32)

하나님이 나의 아버지인데 누가 나를 대적하겠습니까?

하나님께서 아들과 함께 모든 것을 믿는 자들에게 남김없이 쏟아 부어 주셨습니다. 열등감으로 절망스럽다면, 멸시천대를 받아 마음이 상했다면, 주님께 나아가십시오. 주께서 눈물을 닦아 주며 위로해 주십니다. 내 편이 되어 주십니다.

> "여호와가 우리 하나님이신 줄 너희는 알지어다 그는 우리를 지으신 이요 우리는 그의 것이니 그의 백성이요 그의 기르시는 양이로다 감사함으로 그의 문에 들어가며 찬송함으로 그의 궁정에 들어가서 그에게 감사하며 그의 이름을 송

축할지어다"(시 100:3-4)

창세 이후로 인간사에는 재난, 기근, 불의, 전쟁, 살인, 강도 등 사건사고가 끊이지 않았습니다. 왜 나만 겪는 고난이냐고 불평합니까? 결코 그렇지 않습니다. 누구나 겪는 고난입니다.

고난 중에 있을 때 우리가 할 일은 주 예수를 바라보는 것입니다. 주님께서 내 모든 죄의 짐을 대신 걸머지셨습니다. 내 모든 질병과 저주와 사망까지 모두 짊어지셨습니다. 그러니 우리가 고난 중에 있을 때 더욱더 힘쓸 일은 주님을 송축하며 감사하는 것입니다.

나는 보잘것없는 존재이나 내 인생의 주인은 전능하신 하나님입니다. 하나님은 말씀 한 마디로 살리기도 하고 죽이기도 하시는 전능자입니다. 세상에서 들려오는 풍문에 마음을 빼앗기지 마십시오. 휘둘리지 마십시오. 오직 기도로 하나님께 아뢰면 하나님께서 책임져 주십니다.

> "아무것도 염려하지 말고 다만 모든 일에 기도와 간구로, 너희 구할 것을 감사함으로 하나님께 아뢰라 그리하면 모든 지각에 뛰어난 하나님의 평강이 그리스도 예수 안에서 너희 마음과 생각을 지키시리라"(빌 4:6-7)

Part

3

좋은
열매를
거두는
알곡 신앙

Chapter 11

성장

좋은 열매를 맺고 있습니까?

장성이란 사전적 의미로 "자라서 어른이 됨. 혹은 발전하여 커짐"이라는 뜻입니다.

생명은 반드시 자랍니다. 또한 자라는 만큼 번식합니다. 살아 있으나 성장도, 번식도 하지 않는다면 참다운 생명이라고 할 수 없습니다. 하나님은 모든 생물에게 생육하고 번성하여 땅에 충만하라고 하셨습니다. 이것이 하나님의 명령이며 축복입니다.

동물이나 식물이 장성하려면 몇 가지 기본적인 조건이 맞아야 합니다. 물과 햇빛, 양분과 같은 기본 조건만 갖춰지면 모든 생물은 반드시 성장하고 번식합니다.

영국의 고고학자들이 이집트의 피라미드를 조사하다가 미라를 발견했습니다. 미라의 손에는 한 줄기 꽃이 있었습니다. 그런데 외부 공기와 접촉하는 순간, 꽃은 산산이 부서지고 꽃씨만 남았습니다. 고고학자들은 3천 년이 넘은 그 꽃씨를 영국으로 가져와서 심었습니다. 그런데 놀랍게도 그 꽃씨에서 싹이 트고 아름다운 꽃이 피었습니다. 지금껏 영국에서는 볼 수 없었던 전혀 새

로운 꽃이었습니다. 그 꽃을 스웨덴의 저명한 식물학자 이름을 따서 '다알'이라고 불렀습니다. 우리나라에서는 '달리아'라고 부르는 꽃입니다.

생명이 있는 것은 반드시 성장하고 번식합니다. 동식물만 성장하는 것이 아닙니다. 믿음과 지혜도 장성하는 신비한 특징을 가지고 있습니다.

믿음은
자라야 합니다

"아기가 자라며 강하여지고 지혜가 충만하며 하나님의 은혜가 그의 위에 있더라"(눅 2:40)

"예수는 지혜와 키가 자라가며 하나님과 사람에게 더욱 사랑스러워 가시더라"(눅 2:52)

아기를 해산한 부모의 최대 관심사는 무엇일까요?

20~30년 전만 해도 아기의 성별이 최대 관심사였습니다. 그러나 요즘은 아기에게 장애가 있는지 없는지부터 확인합니다. 건강

하게 태어나 무럭무럭 자라기를 바라기 때문입니다. 이는 당연히 육체의 성장, 신체의 발달만 의미하는 것이 아닙니다. 지혜가 자라고 인격이 성숙하고 신앙도 성장하기를 기대합니다. 우리를 향한 하나님의 관심도 여기에 있습니다.

목사가 하는 복음사역을 목양이라고 표현합니다. 목자로서 성도들을 양을 돌보듯이 양육한다는 의미입니다. 목사의 최대 관심사는 성도들의 믿음이 자라고 일상이 행복해지는 것입니다. 예수님을 믿기 전과 다르게 인격과 영성과 믿음이 자라기를 바랍니다.

> "형제들아 우리가 너희를 위하여 항상 하나님께 감사할지니 이것이 당연함은 너희의 믿음이 더욱 자라고 너희가 다 각기 서로 사랑함이 풍성함이니 그러므로 너희가 견디고 있는 모든 박해와 환란 중에서 너희 인내와 믿음으로 말미암아 하나님의 여러 교회에서 우리가 친히 자랑하노라"(살후 1:3-4)

사도 바울은 하나님께 항상 감사하지 않을 수 없다고 고백합니다. 데살로니가 교회 성도들의 믿음이 자라고 서로를 향한 사랑이 풍성한 까닭입니다.

부모는 자녀가 건강하고 지혜롭게 자라며 형제간에 우애가 돈

독하면 행복합니다. 자녀 양육에 힘쓴 고단함을 한꺼번에 보상 받는 것 같습니다. 마찬가지로 성도들이 믿음이 성장하고 사랑이 풍성해져 서로를 아끼고 감사하며 살아가면 하나님의 마음이 기쁘고 행복합니다.

어린아이는 외부에서 오는 자극을 이겨 내지 못합니다. 인내도, 수용도 할 수 없습니다. 믿음도 어린아이 같으면 작은 일에 무너지고 넘어집니다. 그러나 믿음이 장성하면 어떠한 악조건도 넉넉히 감당할 수 있습니다. 이것이 생명의 이치이며 축복입니다.

> "주께서 주신 권세는 너희를 무너뜨리려고 하신 것이 아니요 세우려고 하신 것이니 내가 이에 대하여 지나치게 자랑하여도 부끄럽지 아니하리라"(고후 10:8)

주께서 사도 바울에게 복음을 전할 수 있는 하나님의 권세를 주셨습니다. 그 권세는 사람을 무너뜨리지 않고 오히려 사람을 세워 주려는 것입니다. 교회와 성도는 주님의 십자가 사랑으로 서로를 세워 줘야 합니다. 칭찬하고, 격려하고, 사랑해야 합니다. 믿음을 심어 주고 눈물과 땀으로 가꾸는 것이 목양입니다.

장성한 나무는 큰 가지들을 뻗어 가며 많은 열매를 맺습니다. 교회와 성도도 세계만방에 지경을 넓혀 가며 많은 열매를 맺기를 소망합니다.

> "우리의 소망이나 기쁨이나 자랑의 면류관이 무엇이냐 그가 강림하실 때 우리 주 예수 앞에 너희가 아니냐 너희는 우리의 영광이요 기쁨이니라"(살전 2:19-20)

주님께서 재림하실 때 모든 사람이 하나님 앞에 나아가 심판을 받습니다. 살아생전에 예수님을 주로 믿어 하나님의 자녀가 되는 권세를 얻고 하나님의 생명책에 이름이 기록되어 천국 시민권자가 된 사람은 마지막 심판 때 영광의 나라 천국에 들어갑니다. 그러나 하나님의 생명책에 이름이 기록되지 못한 사람은 절대로 천국에 들어갈 수 없습니다. 우리 주 예수 그리스도를 영접한 자만이 하나님의 자녀가 되는 자격을 얻습니다.

그런데 언젠가 주님 앞에 서게 되는 그날에, 주님이 왜 혼자 왔느냐고 물으시면 뭐라고 대답하겠습니까? 네 남편이, 네 아내가, 네 부모가, 네 자녀가 어디에 있느냐고 물으시면 뭐라고 대답하겠습니까?

부모의 자랑이 무엇입니까? 내 아들 딸이 건강하고 지혜롭게 자라는 것입니다. 모든 사람들 앞에서 인정받고 칭찬받는 것입니다. 그러면 크리스천 부모의 자랑이 무엇입니까? 내 아들 딸이 건강하고 예수 그리스도 안에서 장성하여 하나님과 사람들 앞에서 칭찬받는 것입니다.

바울은 복음을 전함으로 영적인 자녀를 많이 낳았습니다. 복음 전도자에게는 복음으로 낳은 자가 믿음과 지혜와 사랑이 자라나 성장하는 것이 기쁨 중의 기쁨입니다. 환난과 고난을 만나도 넘어지거나 쓰러지지 않고 당당히 이기는 모습을 볼 때 기쁘고 자랑스럽습니다.

우리 손에 열매가 있을 때 주님이 우리 머리에 영광의 면류관을 씌워 주실 것입니다. 그러므로 육신으로 낳은 자녀가 선데이 크리스천으로 머물지 않도록 힘써야 합니다. 내가 낳은 자녀가, 내가 전도한 영적인 자녀가 물과 성령으로 거듭나 장성한 분량까지 자라도록 눈물과 땀을 흘려야 합니다.

성령으로 거듭난 사람에게 나타나는 최소한의 믿음의 표지가 세 가지 있습니다. 성수주일, 십일조, 전도입니다. 좋으면, 사랑하면 누가 강요하지 않아도 자랑하게 되어 있습니다. 나를 구원하신 예수님을 자랑하지 못한다면 아직 십자가 구원의 의미를 알지 못하는 것입니다.

> "누구든지 사람 앞에서 나를 시인하면 나도 하늘에 계신 내 아버지 앞에서 그를 시인할 것이요 누구든지 사람 앞에서

나를 부인하면 나도 하늘에 계신 내 아버지 앞에서 그를 부인하리라"(마 10:32-33)

적극적으로 주님을 모른다고 하는 것이나, 소극적으로 주님에 대해 아무 말도 하지 않는 것이나 모두 주님을 부인하는 행위입니다. 주님은 주님을 부인하는 자를 모른다 할 것이라 했습니다. 주님에 대해 말하지 않는다면 그 사람은 천국 시민권자가 아닙니다.

믿음의 기준은 예수님입니다

"그들의 열매로 그들을 알지니 가시나무에서 포도를, 또는 엉겅퀴에서 무화과를 따겠느냐"(마 7:16)

좋은 나무가 좋은 열매를 맺습니다. 나쁜 나무에서는 좋은 열매를 기대할 수 없습니다. 좋은 열매를 맺고 있는지 아닌지를 보면 그의 믿음이 자라는지 아닌지를 알 수 있습니다. 생명이 있는 믿음인지 아닌지 구별할 수 있다는 것입니다.

예수님은 요한복음 15장에서 자신은 포도나무요, 하나님은 농부이며, 우리는 포도나무에 붙어 있는 가지라고 했습니다.

"나는 포도나무요 너희는 가지라 그가 내 안에, 내가 그 안에 거하면 사람이 열매를 많이 맺나니 나를 떠나서는 너희가 아무것도 할 수 없음이라"(요 15:5)

"너희가 내 안에 거하고 내 말이 너희 안에 거하면 무엇이든지 원하는 대로 구하라 그리하면 이루리라 너희가 열매를 많이 맺으면 내 아버지께서 영광을 받으실 것이요 너희는 내 제자가 되리라"(요 15:7-8)

가지가 포도나무에 붙어 있으면 많은 열매를 맺습니다. 성도는 예수님께 붙어 있는 가지이므로 말씀의 양분을 공급 받으면 반드시 열매를 맺습니다. 복음의 열매, 성령의 열매를 맺습니다.

"우리가 다 하나님의 아들을 믿는 것과 아는 일에 하나가 되어 온전한 사람을 이루어 그리스도의 장성한 분량이 충만한 데까지 이르리니 이는 우리가 이제부터 어린 아이가 되지 아니하여 사람의 속임수와 간사한 유혹에 빠져 온갖 교훈의 풍조에 밀려 요동하지 않게 하려 함이라 오직 사랑 안에서 참된 것을 하여 범사에 그에게까지 자랄지라 그는 머리니 곧 그리스도라"(엡 4:13-15)

그리스도의 장성한 분량이 충만한 데까지 이른다는 것이 무슨 의미입니까? 그 분량과 기준이 예수 그리스도라는 뜻입니다. 예수님처럼 믿음과 지혜가 자라야 한다는 의미입니다. 하나님의 아들을 믿는 것과 아는 일이 자라야 합니다.

어떤 사람은 예수님을 믿는다면서 아는 것이 전혀 없습니다. 신앙의 연수도 오래되었으나 무엇을 믿는지 물어보면 아무 대답도 못합니다. 덮어 놓고 무조건 믿으라고만 합니다.

성경은 덮어 놓고 믿는 것이 아닙니다. 펴 놓고 믿어야 합니다. 하나님을 아는 지혜와 지식이 성경에 있기 때문입니다. 아버지의 이름 석 자만 알아서는 부족합니다. 아버지를 인격적으로 알아야 합니다.

어떤 사람은 미션스쿨도 다니고, 신학도 공부해서 아는 것은 정말 많습니다. 하나님에 대해 말하기 시작하면 막힘이 없습니다. 성경 지식이 해박합니다. 하지만 정작 하나님에 대한 믿음은 없습니다. 아는 만큼 믿고, 믿는 만큼 알아야 합니다. 반쪽 신앙으로는 영광의 길에 이를 수 없습니다.

중세 유럽의 음악은 기독교의 성가(聖歌)와 함께 시작되었고 발전했습니다. 동방에서 서방에 이르기까지 광범위하게 퍼진 초기 기독교는 각지에서 독자적인 전례(典禮)를 확립하는 동시에 독자적인 성가도 성립시켰습니다. 최고의 음악은 기독교 신앙을 바탕으로 만들어졌습니다. 그러나 성가를 부른다고 해서 모두 신앙이 있는 것은 아닙니다.

어느 대형교회 오케스트라에서 클라리넷을 연주하던 분을 우연히 만나게 되었습니다. 그분은 어느 교향악단의 유명 연주자로서 교회 오케스트라에서 10년 넘게 연주했다고 했습니다. 하지만 놀랍게도 친구의 부탁으로 연주만 했을 뿐 믿음이 있어서 그 자리에 선 건 아니라고 했습니다. 10년 동안 교회에서 예배도 드리고 말씀도 들었으나 믿음이 조금도 생기지 않았다는 것입니다.

예수님을 믿으십니까? 구원의 확신이 있습니까?

하나님의 아들을 믿는 것과 아는 것이 하나가 되어야 합니다. 그럴 때 사람의 궤술과 간사한 유혹에 요동하지 않습니다. 믿기는 하지만 아는 것이 없을 때 이단과 사이비에 대책 없이 넘어갑니다. 사탄의 궤술과 사기꾼의 꾐을 분별하지 못해 교회를 떠나고 예수님을 등지는 것입니다.

"내가 어렸을 때에는 말하는 것이 어린 아이와 같고 깨닫는

> 것이 어린 아이와 같고 생각하는 것이 어린 아이와 같다가 장성한 사람이 되어서는 어린 아이의 일을 버렸노라"(고전 13:11)

'장성한 사람'이란 하나님을 아는 지혜와 믿음이 장성하게 자란 사람이라는 의미입니다. 세상의 유혹과 감언이설에 흔들림이 없고, 믿음의 선한 싸움을 싸워 승리하는 사람입니다.

장성한 나무는 많은 열매를 맺습니다. 마찬가지로 장성한 사람은 큰 복을 받습니다.

> "우리 아들들은 어리다가 장성한 나무들과 같으며 우리 딸들은 궁전의 양식대로 아름답게 다듬은 모퉁잇돌들과 같으며 우리의 곳간에는 백곡이 가득하며 우리의 양은 들에서 천천과 만만으로 번성하며 우리 수소는 무겁게 실었으며 또 우리를 침노하는 일이나 우리가 나아가 막는 일이 없으며 우리 거리에는 슬피 부르짖음이 없을진대 이러한 백성은 복이 있나니 여호와를 자기 하나님으로 삼는 백성은 복이 있도다"(시 144:12-15)

아들딸이 건강하고 지혜로우며 능력이 있습니다. 곳간에는 곡

식들이 가득합니다. 가축은 번성해서 들에 천천과 만만으로 자라고 있습니다. 이렇게 강성해지니 노략질하며 넘보는 적(敵)도 없습니다. 거리에는 슬픔과 애통의 소리가 사라졌습니다. 여호와를 자기 하나님으로 삼는 백성은 이런 복을 받게 됩니다.

우리나라는 분단된 데다 열강에 둘러싸여 늘 긴장 상태에 있습니다. 부패와 무질서로 사회를 혼란하게 만드는 내부의 적도 많습니다. 이것들은 사상이나 이념으로 해결될 수 있는 문제가 아닙니다. 돈으로도 해결될 수 없습니다. 아픔과 절망을 통과해서 어린아이같이 생각하고 말하고 행동하던 것을 벗어버리고 장성하게 자라야 합니다. 국민의식이 새로워져야 합니다.

> "여호와께서 나라들의 계획을 폐하시며 민족들의 사상을 무효하게 하시도다 여호와의 계획은 영원히 서고 그의 생각은 대대에 이르리로다 여호와를 자기 하나님으로 삼은 나라 곧 하나님의 기업으로 선택된 백성은 복이 있도다"(시 33:10-12)

우리나라는 하나님께 선택 받은 나라요 민족입니다. 복음이 들어온 지 130여 년 만에 5만여 교회와 1200만 그리스도인이 세워졌습니다. 전국 어디를 가나 교회가 들어서지 않은 곳이 없습니다. 어느 단체나 집단이나 신우회가 없는 곳이 거의 없습니다. 이는 전 세계 200여 개국 중 유일합니다. 하나님의 기적이며 기현상입니다. 하나님이 일하시니 이상할 수밖에 없습니다.

그럼에도 우리나라는 여전히 혼란스럽고 위기 가운데 있습니다. 하나님께 부르짖어 기도하면 하나님께서 이 땅을 고쳐 주십니다. 법이나 제도가 문제가 아닙니다. 사람의 부패한 심령이 문제입니다. 그 부패한 심령을 고쳐 주실 수 있는 분은 하나님 한 분밖에 없습니다.

> "귀인들을 의지하지 말며 도울 힘이 없는 인생도 의지하지 말지니 그의 호흡이 끊어지면 흙으로 돌아가서 그날에 그의 생각이 소멸하리로다 야곱의 하나님을 자기의 도움으로 삼으며 여호와 자기 하나님에게 자기의 소망을 두는 자는 복이 있도다"(시 146:3-5)

Chapter 12

축복

모든 상황을 축복하십시오

창조주 하나님은 복을 주시는 분입니다. 하나님은 생명을 부여하신 피조물에게 복을 주시며 생육하고 번성하라고 하셨습니다. 특별히 하나님의 형상과 모양을 따라 만든 사람에게는 생육하고 번성하며 하늘과 땅과 바다에 있는 모든 것들을 다스리라고 하셨습니다.

에덴동산에서 쫓겨난 타락한 인간이 세상에 죄를 창궐하게 하자 공의의 하나님이 그들을 물로 심판하셨습니다. 그러나 이때에도 하나님은 노아를 통해 복 주기 원하셨습니다.

> "하나님이 노아와 그 아들들에게 복을 주시며 그들에게 이르시되 생육하고 번성하여 땅에 충만하라 땅의 모든 짐승과 공중의 모든 새와 땅에 기는 모든 것과 바다의 모든 물고기가 너희를 두려워하며 너희를 무서워하리니 이것들은 너희의 손에 붙였음이니라"(창 9:1-2)

노아의 홍수사건 이전에는 채식(菜食)만 허용되었지만 그 이후로 육식이 허용되었습니다.

노아의 방주 안에는 사람과 동물이 오랜 시간 함께했습니다. 힘으로 따지면 인간은 동물에 비할 수가 없습니다. 힘만 겨룬다면 인간은 금세 멸종되고 말 것입니다. 그러나 하나님은 사람이 동물과 경쟁하도록 내버려두지 않으셨습니다. 오히려 동물을 인간의 먹을거리로 주셨습니다. 우리에게 복 주기 원하시는 하나님의 은혜가 아닐 수 없습니다.

하나님은 아브라함에게 복을 주셨습니다. 열방이 아브라함을 통해 복을 얻게 될 것을 약속하셨습니다.

하나님은 모세를 통해 이스라엘을 출애굽시키셨습니다. 하나님이 택한 백성이 고통당하는 것을 불쌍히 여기시고 그들을 해방시켜 주셨습니다. 그리고 아브라함과 이삭과 야곱에게 약속한 가나안으로 들어가게 하셨습니다. 그렇게 하나님께 택함 받은 이스라엘의 역사가 시작되었습니다.

주님의 이름으로 축복하십시오

하나님은 이스라엘의 역사가 시작되는 출발점에서 모세를 불러 축복을 약속하십니다.

> "여호와께서 모세에게 말씀하여 이르시되 아론과 그의 아들들에게 말하여 이르기를 너희는 이스라엘 자손을 위하여 이렇게 축복하여 이르되 여호와는 네게 복을 주시고 너를 지키시기를 원하며 여호와는 그의 얼굴을 네게 비추사 은혜 베푸시기를 원하며 여호와는 그 얼굴을 네게로 향하여 드사 평강 주시기를 원하노라 할지니라 하라 그들은 이같이 내 이름으로 이스라엘 자손에게 축복할지니 내가 그들에게 복을 주리라"(민 6:22-27)

아론과 그의 아들들이 백성에게 이같이 축복하라고 말씀하셨습니다. 제사장들을 통해 하나님께 택함 받은 백성에게 축복할 것을 약속하신 것입니다.

은혜의 시대인 오늘날 우리를 축복할 제사장은 누구입니까?

"그러나 너희는 택하신 족속이요 왕 같은 제사장들이요 거룩한 나라요 그의 소유가 된 백성이니 이는 너희를 어두운 데서 불러내어 그의 기이한 빛에 들어가게 하신 이의 아름다운 덕을 선포하게 하려 하심이라"(벧전 2:9)

예수 그리스도를 주로 믿어 구원받은 성도가 바로 왕 같은 제사장입니다. 왕은 다스리고, 명령하고, 치리합니다. 제사장은 하나님께 제사를 드리며 용서와 복을 빕니다.

성도는 예수 그리스도의 이름으로 사망 권세를 깨뜨리는 권세와 예수 그리스도의 이름으로 복을 비는 축복권을 모두 가지고 있습니다.

예수님을 믿는 사람은 세상을 향해 원망 불평할 자격이나 권리가 없습니다. 세상이 어둡다고 말할 필요조차 없습니다. 책임을 전가하며 핑계를 댈 이유도 없습니다. 왕 같은 제사장은 어둠과 죄악, 우상 등을 쫓아내는 권세가 있기 때문입니다. 가난하고 병들고 궁핍한 사람들에게 예수 그리스도의 이름으로 축복하며 복을 빌어 주는 것이 우리의 사명입니다.

하나님은 우리에게 복을 주실 뿐만 아니라 주신 복을 영원토록 지켜 주십니다. 복을 받는 것도 귀하지만 지켜 주시는 것은 더 더욱 귀합니다.

사람은 해산의 수고와 고통을 통해 자식을 낳습니다. 그러나 육신의 부모는 자식을 지킬 만한 무한한 능력이 없습니다. 하나님께서 지켜 주셔야 합니다. 사람의 힘은 한계가 있습니다.

봄이 되면 베란다나 텃밭에 꽃을 심고 가꾸느라 야단을 떱니다. 하지만 꾸준히 가꾸지 않으면 애써 일군 꽃밭이 잡초만 무성해서 사나워집니다. 마찬가지로 복을 받는 것도 귀하지만, 받은 복을 잘 경영하는 것은 더욱 귀하고 중요합니다.

축구 경기는 전후반 45분씩 총 90분간 한 팀당 11명의 선수가 출전합니다. 선수마다 골을 넣기 위해 혼신의 힘을 다해 경기장 곳곳을 뛰어다닙니다. 상대팀이 골을 넣지 못하도록 전력투구합니다.

한 팀이 경기 시작 10분 만에 골을 넣었습니다. 응원단의 함성이 경기장에 울려 퍼집니다. 그러나 경기 시작 10분 만에 선취골을 넣은 팀의 상황이 오히려 더 힘들고 어렵습니다. 진땀이 납니다. 왜 그렇습니까? 승리하려면 경기 종료까지 80분 동안 골을 먹지 않도록 필사적으로 방어해야 하기 때문입니다. 그렇다고 골대만 지키고 있을 수도 없는 노릇입니다. 방어도 하고, 공격도 해야 하니 진땀이 나는 것입니다.

이렇듯 지키는 것이 더 어렵습니다. 그래도 반드시 지켜 내야 합니다.

"근신하라 깨어라 너희 대적 마귀가 우는 사자같이 두루 다니며 삼킬 자를 찾나니 너희는 믿음을 굳건하게 하여 그를 대적하라 이는 세상에 있는 너희 형제들도 동일한 고난을 당하는 줄을 앎이라"(벧전 5:8-9)

예수 믿고 구원받아 하나님의 자녀가 된 것은 너무나 귀하고도 귀한 일입니다. 그러나 한순간이라도 한눈을 팔면 원수 마귀가 그 틈을 비집고 들어옵니다. 원수 마귀가 두루 다니며 삼킬 자를 찾고 있습니다. 그러므로 믿음을 더욱 굳게 하고 마귀를 대적해야 합니다.

성도는 왕 같은 제사장입니다. 왕 같은 제사장에게 주신 축복권으로 무엇보다 자기 자신부터 축복하십시오.

"나는 왕 같은 제사장이다. 나는 하나님의 기업이다. 나는 하나님의 자녀다. 나는 예수 그리스도와 함께 하나님의 기업을 상속받은 사람이다."

그런 다음 예수님의 십자가를 든든히 붙잡고 당당하게 내 가족과 이웃, 내 나라와 민족을 축복하십시오. 세상 모든 나라와 민족을 축복하십시오.

우리나라 사람들에게 좀처럼 고쳐지지 않는 나쁜 습관이 하나 있습니다. 가장 존중하고 사랑해야 할 가족을 아무 생각 없이 무시하는 것입니다. 함부로 말하고 함부로 감정을 폭발시켜 상처를 줍니다. 가장 축복해야 할 가족에게 저주를 퍼붓습니다. 또한 친구 관계나 동료 관계에서 나를 부각시키기 위해 남을 끌어내리거나 험담을 하는 것도 나쁜 습관입니다. 사랑하는 가족에게 상처를 주고 친구나 동료를 깎아내리는 것은 나도 죽고 남도 죽이는 일입니다. 악한 사탄 마귀의 궤계입니다.

하나님이 세우신 법은 우리가 주님의 이름으로 하나님의 백성을 축복하는 것임을 기억하십시오.

고난이 축복입니다

> "내가 산을 향하여 눈을 들리라 나의 도움이 어디서 올까 나의 도움은 천지를 지으신 여호와에게서로다 여호와께서 너를 실족하지 아니하게 하시며 너를 지키시는 이가 졸지 아니하시리로다"(시 121:1-3)

지나온 세월을 돌아보십시오. 험산준령과 같은 과거를 되짚어 보니 굽이굽이마다 하나님께서 함께하시고 인도해 주셨음을 알

수 있습니다.

"이스라엘을 지키시는 이는 졸지도 아니하시고 주무시지도 아니하시리로다 여호와는 너를 지키시는 이시라 여호와께서 네 오른쪽에서 네 그늘이 되시나니 낮의 해가 너를 상하게 하지 아니하며 밤의 달도 너를 해치지 아니하리로다"(시 121:4-6)

하나님은 졸지도, 주무시지도 않고 우리를 지켜 주십니다. 사람은 피곤하면 잠을 자야 하나 우리 하나님은 졸지도 주무시지도 않습니다. 원수 마귀가 삼킬 자를 찾아 두루 다니며 호시탐탐 기회를 노리고 있으나 걱정할 게 없습니다. 하나님께서 졸지도, 주무시지도 않고 우리를 지켜 주시기 때문입니다.

그러니 지금까지 산 것이 모두 하나님의 은혜입니다. 지키시고 보호하시고 인도하신 하나님의 사랑이 아니면 불가능한 인생입니다. 백주에 기상천외한 일들이 거침없이 일어나는 예측불허의 세상에서 우리 주 예수 그리스도의 능력과 권세만이 악한 세력을 멸할 수 있습니다.

"복 있는 사람은 악인들의 꾀를 따르지 아니하며 죄인들의 길에 서지 아니하며 오만한 자들의 자리에 앉지 아니하고 오직 여호와의 율법을 즐거워하여 그의 율법을 주야로 묵상하는도다 그는 시냇가에 심은 나무가 철을 따라 열매를 맺으며 그 잎사귀가 마르지 아니함 같으니 그가 하는 모든 일이 다 형통하리로다"(시 1:1-3)

하나님이 지키시고 보호하시고 인도하시는 삶은 이처럼 형통합니다. 악인의 꾀를 따르지 않고 죄인의 길에 서지 않으며 오만한 자리에 앉지 않습니다. 다만 하나님의 말씀을 즐거워하여 주야로 묵상합니다. 매일 말씀을 읽고 묵상합니까? 하나님의 말씀을 주야로 묵상하여 이 같은 복을 누리길 바랍니다.

때로는 아플 때도 있고 내 마음과 소원대로 되지 않을 때도 있습니다. 왜 그렇습니까? 나를 지켜 주시기 위해서 그렇습니다.

저는 교역자가 되기 전에 오랫동안 병원에서 근무했습니다. 월남전에도 위생병으로 파병되었습니다. 의사나 약사는 아니지만 사람의 생명을 살리는 수없이 많은 현장에 함께 있었습니다.

의사는 수술을 앞둔 환자의 보호자에게 수술 후의 부작용이나 합병증에 관해 고지합니다. 수술 후 발생할 수 있는 여러 가지 경우의 수들을 세세히 전합니다. 신기한 것은 이러한 내용을 듣는 보호자들의 반응이 한결같다는 것입니다. 어떤 결과가 나와도 좋으니 제발 목숨만 살려 달라고 매달리는 것입니다.

인생에 고난이 닥치면 많은 사람들이 왜 나만 겪는 고난이냐며 원망하고 두려움에 휩싸입니다. 그러나 지나고 보면 그 고난이 나의 믿음을 지켜 주었음을 깨닫게 됩니다. 곧 시들해지는 믿음이 되지 않기 위해 우리의 믿음을 지키시는 하나님의 방법임을 깨닫게 됩니다.

육신의 정욕, 안목의 정욕, 이생의 자랑을 도려내려면 아픔과 고통이 따르게 마련입니다. 우상이 된 명예와 권세를 깨뜨리려면 납작 엎드리게 만드는 위기를 통과해야 합니다.

그러므로 고난이나 위기나 어려움은 하나님께서 내게 주신 복을 빼앗기 위한 것이 아닙니다. 오히려 주신 복을 지켜 주시기 위한 것입니다. 하나님의 백성은 환난, 고난, 역경을 당해도 하나님에게서 버림받은 것이 아닙니다.

하나님을 찾는 자는
복이 있습니다

천재지변으로 전기 공급에 문제가 생기면 정전이 됩니다. 유선전화도 휴대폰도 안 됩니다. 연락두절입니다. 처음에는 견딜

만하나 한두 시간 지나면서 두려움에 휩싸입니다. 비바람이 몰아치고 칠흑 같은 어둠까지 밀려오면 그 무엇으로도 위로가 안 됩니다. 그때 한순간에 빛이 들어오면 "아! 살았다" 하는 소리가 자신도 모르게 튀어나옵니다.

"앞이 캄캄하다"는 말을 많이 합니다. 희망이 없다는 뜻입니다. 이렇게 어찌할 바를 알지 못하는 그때 하나님께서 빛을 비춰 주십니다. 이 빛은 생명의 빛, 창조의 빛입니다. 처절한 절망과 낙심과 죽음의 공포에서 살 길이 열리는 구원의 빛입니다.

> "만군의 하나님이여 우리를 회복하여 주시고 주의 얼굴의 광채를 비추사 우리가 구원을 얻게 하소서"(시 80:7)

하나님이 우리에게 얼굴을 돌리사 빛을 비춰 주시면 구원을 얻습니다.

> "주께서 주신즉 그들이 받으며 주께서 손을 펴신즉 그들이 좋은 것으로 만족하다가 주께서 낯을 숨기신즉 그들이 떨고 주께서 그들의 호흡을 거두신즉 그들은 죽어 먼지로 돌아가나이다"(시 104:28-29)

하나님이 손을 펴시고 우리에게 모든 것을 주셨습니다. 그러나 하나님의 축복을 알지 못하고 하나님을 영화롭게 하지 못하는 사람에게는 얼굴을 돌리십니다. 하나님이 얼굴을 돌리시면 인간은 떨게 되어 있습니다.

부모가 자녀에게 귀하디귀한 선물을 주었습니다. 선물을 받은 자녀는 부모에게 감사의 표현을 하는 것이 마땅합니다. 선물을 받고도 아무런 반응이 없다면 부모의 마음이 어떻겠습니까? 아무리 사랑스런 자녀라도 섭섭한 마음을 어쩔 수 없습니다.

하나님께서 자녀인 우리에게 만 가지 복을 주셨습니다. 그럼에도 불구하고 우리가 하나님을 영화롭게 하지도 않고 감사하지도 않는다면 하나님도 얼굴을 가리십니다. 하나님이 얼굴을 가리신다는 것은 빛을 거두신다는 의미입니다. 빛이 사라져 흑암이 닥치면 사람은 두려움과 절망으로 좌절할 수밖에 없습니다. 이때 우리는 다시 하나님의 얼굴을 찾아야 합니다. 그러면 빛이 어둠을 몰아내듯 구원의 길을 열어 주십니다.

한신대 총장을 지낸 오영석 목사님은 전남 해남의 머슴집 아들로 태어나 가난했고 몸도 몹시 허약했습니다. 어머니가 "재가 사람 구실을 제대로 할 수 있겠나" 하고 걱정하실 만큼 연약했습니다. 공부는 너무 하고 싶은데 가난 때문에 중학교 진학도 못하고 농사일을 돕게 되자 그는 세 살 때부터 어머니를 따라다니던 교회에 나가 40일 동안 울면서 기도했습니다. 낮에는 산과 들에서 일하면서 기도했고, 잠을 자는 중에도 하나님이 부르는 것을 듣지 못할까 봐 자다 깨다를 반복하며 기도했습니다.

그러던 어느 날 오 목사님은 하나님께 편지를 써서 부쳤습니다. 내용은 공부하게 해달라는 간절한 소망이었습니다. 우체부가 '하나님 전상서'라고 쓰인 편지를 보고 어린아이가 쓴 게 분명해 보이자 수취인 불명으로 돌려보내지 못하고 우체국장에게 가져갔습니다. 마침 우체국장이 크리스천이어서 교회 목사님에게 그 편지를 전달했고, 교회가 장학금을 마련해 그가 고등학교까지 졸업할 수 있도록 조처해 주었습니다.

덕분에 오 목사님은 한신대학과 대학원까지 마칠 수 있었습니다. 이후 스위스 바젤대학에서 박사학위를 받고 한신대학교 교수가 되었으며, 총장의 자리까지 올랐습니다. 오영석 목사님은 당시를 회상하며 이렇게 말했습니다.

"저는 살아 계신 하나님께서 어린 저의 기도를 듣고 제 편지에 어떤 방식으로든 대답하리라는 믿음이 있었습니다. 하나님은 성경에서 '구하라 그리하면 너희에게 주실 것'(마 7:7)이라고 했습니다. 그때나 지금이나 하나님께 간절히 기도하면 이뤄진다는 믿음이 있습니다."

하나님이 우리를 향해 고개를 돌리시면 응답이 다가오는 것입니다. 응답은 먼저 우리 마음에 평화를 주시는 것에서 시작됩니다. 주님은 세상이 줄 수 없는 평화를 우리에게 주십니다.

> "여호와는 그 얼굴을 네게로 향하여 드사 평강 주시기를 원하노라"(민 6:26)

하나님께서 그 얼굴을 내게로 돌리신다는 것은 일대일로 나를 만나서 내 얼굴을 자세히 살피신다는 뜻입니다. 의사는 사람의 겉모습을 살피지만 하나님은 심령을 감찰하십니다. 그 사람의 속속들이를 다 아십니다.

> "여호와의 눈은 온 땅을 두루 감찰하사 전심으로 자기에게 향하는 자들을 위하여 능력을 베푸시나니…"(대하 16:9)

온 땅을 두루 감찰하시는 하나님께서 전심전력으로 자기를 찾는 자들에게 능력을 베풀어 주십니다.

영국 웨스트민스터 채플을 담임했던 캠벨 몰간 목사님은 정년을 앞두고 "설교자의 가장 큰 좌절은 무엇입니까?"라는 질문을 받고 이렇게 대답했습니다.

"설교를 해도 감동이 없는 청중을 볼 때, 목회를 해도 오랜 세월 변화가 없는 교인을 볼 때 깊은 실망에 잠깁니다."

변화가 없는 사람, 믿음이 자라지 않는 사람, 감사할 줄 모르는 사람, 이런 사람이 가장 어려운 성도라는 말입니다. 하나님은 전심전력으로 하나님을 향하는 자에게 능력을 베풀어 주십니다.

햇빛은 아무런 힘이 없어 보입니다. 그러나 태양광을 이용해서 전력을 생산합니다. 볼록렌즈의 초점을 이용해서 햇빛을 모으면 종이에 불이 붙습니다. 하나님의 말씀에 집중하면 성령의 불꽃이 우리 가슴속에서 일어납니다. 암 덩어리가 떨어져 나가고 치료가 임합니다. 기적이 일어납니다.

> "내 이름을 경외하는 너희에게는 공의로운 해가 떠올라서 치료하는 광선을 비추리니 너희가 나가서 외양간에서 나온 송아지같이 뛰리라"(말 4:2)

질병을 치료하기 위해 레이저나 전자파를 이용합니다. 집중적으로 치료를 요하는 부위에 레이저나 전자파를 쏘는 것입니다. 그러나 치료하는 광선이란 사람이 발명해 낸 것이 아닙니다.

하나님을 경외하는 자에게 공의로운 태양이 떠오릅니다. 하나님이 비춰 주는 태양입니다. 그 태양이 집중적으로 비추면 마치 외양간에 묶여 있던 송아지가 뛰쳐나오듯 자유와 치료를 얻게 됩니다.

하나님은 때로 내 영혼을 지키기 위해 때리기도 하시고, 기도하게도 하십니다. 환난과 고난이 오기도 하고 핍박이 오기도 합니다. 그러나 이것의 목적은 내 영혼을 지키는 것입니다. 그러므로 어떤 어려움 가운데 있더라도 원망하거나 불평하지 마십시오. 무조건 감사하십시오. 하나님께서 사랑의 빛을 비춰 주시기 때문입니다. 그 빛을 사모하는 자에게 기적을 베풀어 주십니다.

성도는 왕 같은 제사장입니다. 어둠의 세력과 불의한 것을 예수 그리스도의 이름으로 쫓아내야 할 의무가 있습니다. 또한 주님의 이름으로 축복하는 권세를 가지고 있습니다.

남편과 아내, 부모와 자녀, 이웃과 성도, 그리고 나라와 민족을 축복하십시오. 오직 교회와 성도에게만 허락된 축복권을 사용하지 않고 원망과 불평을 일삼는 사람은 참으로 미련하고 어리석습니다.

우리에게는 그 누구도 정죄할 자격이 없습니다. 정죄는 다른 사람에게 책임을 떠넘기는 옹졸한 행위입니다. 왕 같은 제사장은 모든 일에 책임을 지는 사람이며 하나님께서 주실 복을 기대하며 축복하는 사람입니다.

그러므로 범사에 감사하며 무조건 축복하십시오. 예수 그리스도의 이름으로 축복하면 하나님께서 복을 주십니다.

Chapter 13

선택

생명을 택하여 복을 받으십시오

"내가 오늘 하늘과 땅을 불러 너희에게 증거를 삼노라 내가 생명과 사망과 복과 저주를 네 앞에 두었은즉 너와 네 자손이 살기 위하여 생명을 택하고"(신 30:19)

신명기 30장 19절 말씀을 다른 성경은 이렇게 번역했습니다.

"나는 오늘 하늘과 땅을 증인으로 세우고, 생명과 사망, 복과 저주를 당신들 앞에 내놓았습니다. 당신들과 당신들의 자손이 살려거든, 생명을 택하십시오."(신 30:19, 새번역)

"나는 오늘날 하늘과 땅을 증인으로 세우고 여러분에게 묻습니다. 생명을 택하여 복을 받겠습니까, 아니면 죽음을 택하여 저주를 받겠습니까? 부디 생명을 택하여, 후손들과 더불어 오래오래 사십시오."(신 30:19, 쉬운말성경)

'증거'의 사전적 의미는 어떤 사실을 증명하기 위해 드는 근거 혹은 사실 유무에 관한 확신을 주기 위한 자료로 인적 증거, 물적 증거, 정황 증거 등이 있습니다. 증거를 삼는다는 것은 증인으로 초청한다는 의미도 있습니다.

그렇다면 하늘과 땅을 증인으로 세운다는 것은 무슨 뜻일까요? 조건과 상황에 따라 거짓 증거를 하는 인간과 달리 변하지 않는 하늘과 땅을 증인으로 세운다는 의미입니다.

절대 말 바꾸기를 하거나 변덕을 부릴 일 없는 하늘과 땅 앞에서 하는 말이니 변개가 없습니다. 진지하고 신중하게 생명을 택할 것인지, 죽음을 택할 것인지 선택하라는 뜻입니다.

인간은 마귀의 꾐에 빠져 죽음과 저주의 길을 선택함으로 타락했습니다. 이때부터 세상은 죄와 사망의 법이 왕 노릇하게 되었습니다. 이것이 우리의 현실입니다.

하지만 풍성한 은혜와 사랑으로 복 주시기를 기뻐하는 하나님은 타락한 인간을 그대로 내버려두지 않으십니다. 마귀의 꾐에 빠져 세상을 좇아 살아가는 인생들을 저버리지 않으십니다. 다시 한 번 간절한 마음으로 생명을 선택하라고 촉구하십니다.

선택은 전적으로 나의 책임입니다

선택은 전적으로 우리의 책임과 결정에 달려 있습니다. 하나님은 이것을 명명백백하게 말씀하십니다. 우리는 반드시 둘 중 하나를 선택해야 합니다.

행복하기 원한다면 행복을 선택해야 합니다. 복을 받기 원한다면 복을 선택해야 합니다. 사랑받기 원한다면 먼저 사랑해야 합니다.

아름다운 꽃과 좋은 과실을 원한다면 무엇보다 먼저 씨를 심고 부지런히 가꿔야 합니다. 내 마음에 행복과 복, 건강과 사랑의 씨앗을 심고 부단히 돌보고 가꿔야 하나님께서 우리 편이 되어 복을 내려 주십니다.

우산장수와 짚신장수인 두 아들을 둔 어머니는 비가 오면 짚신장수 아들이 걱정되고 날이 좋으면 우산장수 아들이 걱정되었습니다. 그러니 단 하루도 마음 편할 날이 없었습니다. 그러던 어느 날 어머니는 마음을 바꿔 먹기로 했습니다. 비가 오면 우산이 잘 팔리겠다고 생각해서 좋아하고, 날씨가 좋으면 짚신이 잘 팔리겠다고 생각해서 기뻐하기로 말입니다. 그랬더니 매일이 기쁨이고 행복이 되었습니다.

"걱정도 팔자다"라는 말이 있습니다. 하지 않아도 될 걱정을 하는 사람을 두고 하는 말입니다. 마음의 근심과 걱정을 고치는 방법이 있습니다. "사람 팔자 마음먹기에 달렸다"는 말처럼 마음을 바꾸는 것입니다.

한 농부가 자신의 농장은 매우 협소하고 박토라며 늘 불평을 일삼았습니다. 급기야 부동산 중개소에 그 농장을 내놓았습니다. 그 후 새 농장을 사기 위해 광고지를 뒤적였습니다. 그때 '넓고 기름진 땅, 좋은 농가, 큰 곡식 창고, 이상적인 위치, 최신식 농기구를 갖춘 농장을 팝니다'라는 광고가 눈에 들어왔습니다. 바로 농부가 원하던 농장이었습니다. 그는 부동산 중개소를 찾아가 그 매물을 보자고 했습니다. 현장으로 안내된 농부는 깜짝 놀랐습니다. 그 이유는 자신이 내놓은 농장으로 안내했기 때문입니다. 그제야 그는 자기 농장의 가치를 깨닫고, 매물을 거둬들인 후 만족하며 살았다고 합니다.

사람들은 자기 자신이 얼마나 놀랍고 대단한 축복 속에서 살아가는지, 자기 소유가 얼마나 귀한지 모르고 살아갑니다. 항상 남의 떡이 더 커 보이기 때문입니다.

남의 것이 무조건 더 좋아 보이면 이미 정신세계에 병이 든 것입니다. 마음에 금이 가기 시작한 것입니다.

이런 사람은 행복할 수도, 성공할 수도 없습니다. 하나님께서 내게 주신 복과 은혜를 생각하면서 감사해야 합니다. 지금까지 지나온 발자취를 돌아보면서 감사의 고백을 할 수 있어야 합니다. 자리가 바뀌고 신분이 달라진다고 해서 내 인생이 더 행복해지는 것은 아닙니다. 내 마음이 변화될 때 행복해질 수 있습니다.

> "여호와께서 집을 세우지 아니하시면 세우는 자의 수고가 헛되며 여호와께서 성을 지키지 아니하시면 파수꾼의 깨어 있음이 헛되도다"(시 127:1)

군대의 힘이 제아무리 막강하다 해도 하나님이 함께하시지 않으면 무력할 따름입니다. 하나님의 은혜 안에서 흘리는 땀과 수고가 진정한 복입니다. 이 말씀을 묵상할 때면 늘 떠오르는 생각이 있습니다.

제가 여의도순복음교회 대교구장으로 있을 때의 일입니다. 성동구, 강남구, 강동구, 성남까지 아우르는 방대한 지역을 담당했습니다. 그렇다 보니 항존직 가정도 심방하기 어려운 형편이었습니다. 그러던 어느 날 이사한 가정에 심방을 꼭 가야 한다고 해서 따라나섰는데, 정말 으리으리하게 꾸며 놓은 집이었습니다. 예배를 드린 뒤 집들이를 하는데 정말 대단했습니다. 그런데 안타깝게도 몇 개월 뒤 그 집에 어려움이 닥쳐 6개월도 살지 못하고 다

른 집으로 이사를 가게 되었다는 이야기를 들었습니다. 천년만년 살 것처럼 온갖 정성을 들인 집이었는데 말입니다.

한 치 앞을 모르는 것이 우리네 인생입니다. 하나님이 함께하시지 않으면 아무것도 아닌 것이 우리 삶입니다.

> "나는 포도나무요 너희는 가지라 그가 내 안에, 내가 그 안에 거하면 사람이 열매를 많이 맺나니 나를 떠나서는 너희가 아무것도 할 수 없음이라"(요 15:5)

가지는 나무에 붙어 있어야 열매를 맺을 수 있습니다. 가지가 나무에서 잘려 나가면 아무리 애를 써도 열매가 맺히지 않습니다. 예수님은 우리의 포도나무요 우리는 가지입니다. 예수님께 꼭 붙어 있기를 바랍니다.

사랑하면 생명의 길을 따르게 됩니다

> "이스라엘아 들으라 우리 하나님 여호와는 오직 유일한 여호와이시니 너는 마음을 다하고 뜻을 다하고 힘을 다하여

네 하나님 여호와를 사랑하라"(신 6:4-5)

생명과 복을 택했다면 무엇보다 하나님을 사랑해야 합니다. 어떤 태도와 마음으로 사랑해야 합니까? 마음을 다하고 뜻을 다하고 힘을 다해서 하나님을 사랑해야 합니다.

마음을 다하라는 것은 하나님을 전심전력으로 사랑하라는 의미입니다. 전 인격을 걸고, 나 자신과 나의 현재와 미래를 걸고 하나님을 사랑하는 것입니다.

시간도 많고 여유가 있을 때 하나님을 사랑하는 게 아닙니다. 시간을 내기도 어렵고 내 코가 석 자인 상황이라도 힘을 다해 하나님을 사랑하는 것이 진정한 사랑입니다. 하나님께 나아가지 못하게 가로막는 장애물을 뚫고 하나님을 사랑하는 것입니다.

하나님은 질투하는 분이십니다. 우상과 거짓 신들을 하나님의 자리에 놓고 그것을 섬길 때 질투하십니다.

성경은 하나님보다 더 사랑하는 것이 곧 우상이라고 말합니다. 우상숭배는 나와 전혀 상관없다 할 수 있습니까? 하나님보다 더 사랑하는 것이 얼마나 많습니까? 우리는 날마다 우상숭배를 하고 있는지도 모릅니다.

아브라함은 백 세에 아들 이삭을 얻었습니다. 이삭의 성장은 아브라함의 기쁨이요 행복 그 자체였습니다. 눈에 넣어도 안 아

플 것만 같은 아들이기에 이제 더 이상 바랄 게 없었습니다.

그렇게 이삭이 주는 행복에 젖어 있던 어느 날 하나님께서 불현듯 나타나셔서 이삭을 번제물로 바치라는 청천벽력 같은 명령을 하셨습니다. 그래야 하는 이유도 설명해 주시지 않았습니다. 그저 네 독자 이삭을 번제물로 바치라고 명령하실 뿐이었습니다.

이때 아브라함의 순종이 참으로 놀랍습니다. 하나님의 명령 앞에서 일언반구도 없이 바로 다음 날 이삭을 번제물로 바치기 위해 모든 준비를 마치고 길을 떠난 것입니다. 그렇게 하나님이 지시한 땅에 이르러 아브라함이 이삭을 번제물로 바치려고 칼을 들었을 때 하나님이 말씀하셨습니다.

> "사자가 이르시되 그 아이에게 네 손을 대지 말라 그에게 아무 일도 하지 말라 네가 네 아들 네 독자까지도 내게 아끼지 아니하였으니 내가 이제야 네가 하나님을 경외하는 줄을 아노라"(창 22:12)

아브라함이 하나님의 시험에 합격한 것입니다. 하나님은 그러한 아브라함을 축복하셨습니다.

> "이르시되 여호와께서 이르시기를 내가 나를 가리켜 맹세

> 하노니 네가 이같이 행하여 네 아들 네 독자도 아끼지 아니하였은즉 내가 네게 큰 복을 주고 네 씨가 크게 번성하여 하늘의 별과 같고 바닷가의 모래와 같게 하리니 네 씨가 그 대적의 성문을 차지하리라 또 네 씨로 말미암아 천하 만민이 복을 받으리니 이는 네가 나의 말을 준행하였음이니라 하셨다 하니라"(창 22:16-18)

하나님은 아브라함과 맺은 언약을 이루어 갈 것이라고 축복하셨습니다.

하나님보다 더 사랑하는 것은 모두 우상입니다. 하나님과 재물을 겸하여 섬길 수는 없습니다.

> "네 보물 있는 그곳에는 네 마음도 있느니라… 한 사람이 두 주인을 섬기지 못할 것이니 혹 이를 미워하고 저를 사랑하거나 혹 이를 중히 여기고 저를 경히 여김이라 너희가 하나님과 재물을 겸하여 섬기지 못하느니라"(마 6:21, 24)

보물이 있는 곳에 마음이 있습니다. 하나님을 사랑한다면 전적으로 하나님의 말씀에 순종하며 믿음으로 결단해야 합니다.

하나님이 선택한 백성인 이스라엘은 축복을 받아서 번영을 누

리게 되자, 하나님을 떠났습니다. 이웃 나라들의 풍습과 우상에 빠져서 하나님을 버렸습니다. 하나님은 그런 이스라엘 백성을 징계하셨고 그들은 고통 가운데 허우적거리다 그것이 하나님을 떠난 결과임을 깊이 깨닫고 회개했습니다. 전심으로 통회하며 자복했습니다.

하나님은 그런 이스라엘을 자기 이름을 걸고 용서하시며 다시 축복하셨습니다. 그러나 축복을 받은 백성은 다시 하나님을 떠났습니다. 이스라엘 역사는 이 같은 떠남과 회개가 내내 반복되었습니다.

오늘 우리도 동일한 반복을 합니다. 어렵고 힘들 때는 기도로 매달리며 하나님을 찾습니다. 그러나 등 따습고 배부르면 언제 그랬냐는 듯 자기 소견에 옳은 대로 행동하기 시작합니다. 바빠서 시간이 없다면서 주일예배 드리는 것도 큰 일이라고 말합니다.

> "너희는 스스로 삼가라 두렵건대 마음에 미혹하여 돌이켜 다른 신들을 섬기며 그것에게 절하므로 여호와께서 너희에게 진노하사 하늘을 닫아 비를 내리지 아니하여 땅이 소산을 내지 않게 하시므로 너희가 여호와께서 주신 아름다운 땅에서 속히 멸망할까 하노라"(신 11:16-17)

개역한글성경은 신명기 30장 20절을 이렇게 번역했습니다.

> "네 하나님 여호와를 사랑하고 그 말씀을 순종하며 또 그에게 부종하라 그는 네 생명이시요 네 장수시니 여호와께서 네 열조 아브라함과 이삭과 야곱에게 주리라고 맹세하신 땅에 네가 거하리라"(신 30:20)

부종(附從)이란, 가까이 달라붙어서 따라다니는 것을 의미합니다. 어느 때는 순종하고 어느 때는 불순종하는 것이 아닙니다. 내 생각과 마음대로 사는 것은 더더욱 아닙니다. 자나 깨나, 앉으나 서나 하나님의 말씀에 찰싹 달라붙어 있는 것입니다.

시간이 나고 형편이 되면 하나님의 말씀에 순종하겠다고 하십니까? 전도, 선교, 봉사를 권면하면 내 코가 석 자라며 손사래를 치십니까?

그것은 사랑이 아닙니다. 사랑한다면 언제나 함께 붙어 있어야 합니다. 껌딱지처럼 따라다녀야 합니다.

하나님의 말씀에 순종하는 것이 어렵습니까? 어떤 사람은 교회에 다니는 것이 어렵다고 합니다. 특히 전도와 봉사가 어렵다고 말합니다. 왜 그럴까요?

사랑하지 않기 때문입니다. 사랑하면 마냥 즐겁고 행복합니다.

사랑하면 그 무엇도 장애가 될 수 없습니다. 사랑하면서 시간이 없다, 돈이 없다, 환경이 안 좋다고 말하는 사람은 없습니다. 어렵고 힘든 일을 끝내 놓고 또 시킬 것 없냐고 묻는 것이 사랑의 태도입니다.

> "내가 오늘 네게 명령한 이 명령은 네게 어려운 것도 아니요 먼 것도 아니라 하늘에 있는 것이 아니니 네가 이르기를 누가 우리를 위하여 하늘에 올라가 그의 명령을 우리에게로 가지고 와서 우리에게 들려 행하게 하랴 할 것이 아니요 이것이 바다 밖에 있는 것이 아니니 네가 이르기를 누가 우리를 위하여 바다를 건너가서 그의 명령을 우리에게로 가지고 와서 우리에게 들려 행하게 하랴 할 것도 아니라 오직 그 말씀이 네게 매우 가까워서 네 입에 있으며 네 마음에 있은즉 네가 이를 행할 수 있느니라"(신 30:11-14)

마음에 없는 이야기는 온갖 미사여구를 나열해도 귀에 들리지 않습니다. 하나님의 말씀은 어렵지도 않고, 멀리 있는 것도 아닙니다. 나의 현실과 동떨어진 이야기가 아닙니다. 하나님의 말씀이 어려운 것이 아니라 다만 그 말씀이 내 마음에 없는 것이 문제입니다.

하나님을 사랑하면 저절로 하나님의 말씀에 순종합니다. 자발적으로 그분의 말씀에 복종하게 되어 있습니다.

수학이라는 말만 들어도 진저리를 내던 아이가 어느 날 갑자기 수학 참고서를 사 달라고 부모님을 조릅니다. 알고 보니 아이가 새로 오신 예쁜 수학 선생님한테 반해서 열심히 수학 공부를 하겠다는 것입니다.

수학 선생님은 수업 첫 시간부터 시험을 봤습니다. 수학이라는 말만 들어도 가슴이 내려앉는 아이라 시험지를 붙잡은 채 고개를 푹 숙이고 있었습니다. 시험 감독을 하던 선생님이 고개를 푹 숙인 아이의 머리를 쓰다듬으며 "수학이 어렵니? 내가 앞으로 재미있게 가르쳐 줄게"라고 따뜻하게 말해 주었습니다. 아이는 이 한 마디에 수학 선생님에게 푹 빠졌고 죽기 살기로 수학 공부를 시작하게 되었습니다.

교회에 다니는 것이 어렵습니까? 전도하고 봉사하는 것이 어려운가요? 사랑에 빠지면 어려울 것도, 못할 것도, 부끄러울 것도 없습니다.

> "사람이 마음으로 믿어 의에 이르고 입으로 시인하여 구원에 이르느니라"(롬 10:10)

마음으로 하나님을 믿으면 그때부터 사랑과 은총이 임하기 시작합니다. 입술로 하나님을 찬양하면 입술의 열매로 풍성히 먹고 마시게 됩니다. 생명과 복을 택했다면 하나님을 사랑해야 합니다. 사랑한다면 그분의 말씀을 믿고 순종하는 것이 즐겁고 행복합니다.

하나님은 택함 받은 이스라엘 백성을 향해 생명과 복, 사망과 저주를 그 앞에 놓았으니 결정하라고 단호히 말씀하십니다. 선택과 결단은 언제나 우리 몫입니다. 믿고, 안 믿는 것 역시 우리의 선택입니다. 믿는 자에게는 믿음대로 이루어지는 기적과 역사가 반드시 일어납니다.

Chapter 14

성령

성령 충만하면 모든 일이 단순해집니다

구약의 3대 절기 중 하나인 오순절(五旬節, Pentecost)은 맥추절, 칠칠절, 초실절이라고도 합니다. 유월절 다음 날부터 50일째 되는 날로 다섯 오와 열 순을 써서 오순절(五旬節)이라고 합니다. 맥추절(麥秋節)은 이스라엘 백성이 가나안에 들어가서 처음으로 곡식을 거두게 하신 하나님께 감사를 드리는 절기로 초실절(初實節)이라고도 합니다. 이는 처음 열매를 하나님께 드리는 절기를 뜻합니다. 또한 유월절 다음 날부터 계산해서 7일을 일곱 번 지나 맞이하는 절기이므로 칠칠절(七七節)이라고도 합니다. 무엇보다 이스라엘 백성이 출애굽의 해방절인 유월절을 지킨 후 광야를 지나 축복의 땅 가나안에 정착해서 얻은 첫 수확으로 하나님께 감사의 제사를 드린 날입니다.

오순절의 중요한 의미는 이뿐이 아닙니다. 유월절 다음 날로부터 50일째 되는 날 모세가 시내 산에서 하나님께서 돌판에 직접 새겨 준 십계명을 받은 날이기도 합니다.

신약에서는 이날을 성령 강림절로 기념하고 있습니다. 예수님은 부활하신 후 제자들에게 약속하신 성령이 임할 때까지 예루살렘을 떠나지 말고 기다리라고 하셨고, 제자들은 그 말씀을 따라 날마다 모여 기도하기를 힘쓰다 마침내 오순절에 성령의 충만함을 받았습니다. 이날을 기념해 성령 강림절로 지키고 있는 것입니다.

사도들은 이날 이후 힘 있게 복음을 전파하기 시작했고 수많은 사람들이 회심하여 초대교회가 세워졌습니다. 이 땅에 실제적인 교회가 탄생한 날인 것입니다.

오직 믿음으로
구원을 받습니다

오순절은 모세가 시내 산에서 율법을 받은 날입니다. 십계명을 받은 이때부터 율법 시대가 시작되었습니다. 구약 시대는 하나님의 법을 지켜야만 구원을 받을 수 있는 율법 시대입니다.

그러나 사람의 힘과 능력으로는 율법을 모두 지킬 수 없습니다. 십계명에서부터 여러 가지 율법의 세부조항을 합하면 613가지의 조항이 있다고 합니다. 이를 모두 지킬 수 있는 이는 단 한 사람도 없습니다.

그렇다면 하나님은 왜 율법을 주셨을까요?

하나님의 백성이 그분의 자녀답게 살도록 하기 위해 지켜야 할 법을 주신 것입니다. 이스라엘 백성은 하나님의 성민으로서 반드시 하나님의 법인 율법을 지켜야 했습니다. 예수님도 예외가 아니었습니다.

그러나 마가의 다락방에 성령이 임한 이후 하나님께서 새 언약으로 축복하는 시대가 활짝 열렸습니다. 신약 시대를 은혜의 시대라고 말합니다. 율법을 준행함으로 하나님께 나아가는 것이 아니라 오직 은혜, 오직 믿음으로 하나님께 나아가는 것입니다. 이것이 오순절이 갖는 가장 큰 의미입니다.

> "하나님이 세상을 이처럼 사랑하사 독생자를 주셨으니 이는 그를 믿는 자마다 멸망하지 않고 영생을 얻게 하려 하심이라"(요 3:16)

"믿는 자"란 하나님의 독생자 예수 그리스도를 믿는 자입니다. 유대인이든 헬라인이든 민족이나 성별에 상관없이 예수 그리스도를 믿으면 영생을 얻습니다. 이는 오순절 성령 강림으로부터 시작되었으며, 하나님이 세우신 법입니다.

"자기 땅에 오매 자기 백성이 영접하지 아니하였으나 영접하는 자 곧 그 이름을 믿는 자들에게는 하나님의 자녀가 되는 권세를 주셨으니 이는 혈통으로나 육정으로나 사람의 뜻으로 나지 아니하고 오직 하나님께로부터 난 자들이니라"(요 1:11-13)

하나님은 아브라함의 자손을 택하셨습니다. 하나님께 택함 받은 유일한 민족이 바로 유대인입니다. 그래서 유대인의 민족정신이란 다름 아닌 하나님의 거룩한 성민이라는 자긍심입니다. 지금도 유대인들은 이 자긍심으로 살아갑니다. 하지만 그들은 정작 하나님이 육신이 되어 오셨을 때 알아보지 못했고 오히려 조롱하고 죽이기까지 했습니다.

이제 복음은 혈통이나 민족, 성별, 신분에 상관없이 예수님을 영접하고 그 이름을 믿는 자들에게 하나님의 자녀가 되는 권세를 주십니다.

"모세가 광야에서 뱀을 든 것같이 인자도 들려야 하리니 이는 그를 믿는 자마다 영생을 얻게 하려 하심이니라"(요 3:14-15)

이스라엘 백성이 뱀에 물려 죽어 가자 하나님은 모세에게 놋뱀을 만들어 장대에 높이 달게 하신 후에 그것을 보는 자는 살려 주셨습니다. 장대에 달린 놋뱀은 예수 그리스도의 십자가 죽음과 부활을 통한 구원의 모형이며 예표입니다.

> "오직 둘째 장막은 대제사장이 홀로 일 년에 한 번 들어가되 자기와 백성의 허물을 위하여 드리는 피 없이는 아니하나니 성령이 이로써 보이신 것은 첫 장막이 서 있을 동안에는 성소에 들어가는 길이 아직 나타나지 아니한 것이라 이 장막은 현재까지의 비유니 이에 따라 드리는 예물과 제사는 섬기는 자를 그 양심상 온전하게 할 수 없나니 이런 것은 먹고 마시는 것과 여러 가지 씻는 것과 함께 육체의 예법일 뿐이며 개혁할 때까지 맡겨 둔 것이니라"(히 9:7-10)

여기서 "개혁"이라는 단어가 중요합니다. 앞의 것이 허물어지고 새로운 것이 세워지는 것이 개혁입니다.

> "염소와 황소의 피와 및 암송아지의 재를 부정한 자에게 뿌려 그 육체를 정결하게 하여 거룩하게 하거든 하물며 영원하신 성령으로 말미암아 흠 없는 자기를 하나님께 드린 그

> 리스도의 피가 어찌 너희 양심을 죽은 행실에서 깨끗하게 하고 살아 계신 하나님을 섬기게 하지 못하겠느냐 이로 말미암아 그는 새 언약의 중보자시니 이는 첫 언약 때에 범한 죄에서 속량하려고 죽으사 부르심을 입은 자로 하여금 영원한 기업의 약속을 얻게 하려 하심이라"(히 9:13-15)

구약 시대에는 율법에 따라서 속죄제물을 드렸습니다. 양이나 염소, 송아지 등 짐승을 제물 삼아 피의 제사를 드렸습니다. 짐승을 자신의 대속물로 드려서 죄를 용서 받았던 것입니다. 하지만 이는 온전한 것이 아닙니다. 장차 올 것의 모형에 불과합니다.

예수님은 새 언약의 중보자이십니다. 하나님께서 독생자 예수 그리스도를 속죄제물로 희생함으로써 우리의 모든 죄를 대속하도록 하셨습니다. 하나님의 독생자 예수 그리스도가 십자가에서 죽으심으로 죄 사함의 은혜가 주어진 것입니다.

> "그런즉 이 일에 대하여 우리가 무슨 말 하리요 만일 하나님이 우리를 위하시면 누가 우리를 대적하리요 자기 아들을 아끼지 아니하시고 우리 모든 사람을 위하여 내주신 이가 어찌 그 아들과 함께 모든 것을 우리에게 주시지 아니하겠느냐 누가 능히 하나님께서 택하신 자들을 고발하리요

의롭다 하신 이는 하나님이시니 누가 정죄하리요 죽으실 뿐 아니라 다시 살아나신 이는 그리스도 예수시니 그는 하나님 우편에 계신 자요 우리를 위하여 간구하시는 자시니라"(롬 8:31-34)

이 세상 그 무엇도 하나님의 사랑에서 나를 끊어 낼 수 없습니다. 이런 믿음의 고백이 있어야 성령 충만합니다.

오순절 성령 강림으로 어둠의 저주가 사라지고, 불신앙의 원수마귀가 일곱 길로 떠나갔습니다. 열등감과 저주와 가난과 질병이 사라졌습니다. 하나님께서 연약하고 부족한 우리의 모습 그대로 사랑하시고 우리의 아버지가 되어 주셨습니다. 이 사실이 머리가 아닌 내 영과 마음과 생각으로 믿어지기에 절대로 요동하지 않습니다.

누구든지 예수를 믿으면 하나님의 상속자입니다

"오직 성령이 너희에게 임하시면 너희가 권능을 받고 예루살렘과 온 유대와 사마리아와 땅 끝까지 이르러 내 증인이

> 되리라 하시니라"(행 1:8)

구약 시대, 율법 시대에 이스라엘 백성은 하나님께 택함 받지 못한 이방인을 불결하게 여겼습니다. 심지어 이방인은 영원히 꺼지지 않는 지옥불의 땔감으로 사용하기 위해 만들어졌다고 주장했습니다.

이렇듯 모욕적이고 저주스러운 이방인의 존재가 오순절 성령의 불로 순식간에 하나님의 새 생명으로, 피조물로 거듭나게 되었습니다.

> "우리가 유대인이나 헬라인이나 종이나 자유인이나 다 한 성령으로 세례를 받아 한 몸이 되었고 또 다 한 성령을 마시게 하셨느니라"(고전 12:13)

유대인이나 헬라인이나 종이나 자유인이나 모두 한 몸이 되었습니다. 인간의 사상이나 이념으로는 불가능한 일이 성령으로 말미암아 이뤄진 것입니다.

제가 어렸을 때 다니던 면천교회는 세워진 지 120년이 되었습니다. 면천교회를 비롯해 그 당시 대부분의 교회 내부는 기역자 모양으로 지어졌습니다. 정면으로 보이는 넓은 자리에는 여자들이 앉고, 곁방에는 남자들이 앉았습니다. 남녀가 서로 마주보지도 않았습니다. 교회 내부가 기역자 구조가 아니면 가운데 커튼을 치고 남녀가 따로 예배를 드렸습니다.

우리나라에 처음 복음이 들어왔을 때 이런 일화가 있습니다.

양반집 머슴이 먼저 복음을 받아들여 구원을 받았습니다. 그 교회 전도사의 갖은 정성과 열정으로 부잣집 양반도 교회에 출석하게 되었습니다. 그런데 예배당에 들어가 보니 찬송 인도를 자기 집 머슴이 하는 것이었습니다. 격이 떨어져도 한참 떨어진다는 생각에 양반은 그냥 집으로 돌아가 버렸습니다. 하지만 이후 끈질긴 전도가 이어졌고 양반은 마침내 구원을 받게 되었습니다.

유대인이나 헬라인이나 종이나 자유인이나 한 성령으로 침례(세례)를 받아 한 몸이 되었습니다. 이 놀라운 일이 오순절에 성령이 임하면서부터 일어났습니다. 남녀노소, 빈부귀천의 장벽이 무너진 것입니다.

> "그리스도께서 우리를 위하여 저주를 받은 바 되사 율법의 저주에서 우리를 속량하셨으니 기록된 바 나무에 달린 자마다 저주 아래에 있는 자라 하였음이라 이는 그리스도 예수 안에서 아브라함의 복이 이방인에게 미치게 하고 또 우

리로 하여금 믿음으로 말미암아 성령의 약속을 받게 하려 함이라"(갈 3:13-14)

오순절의 복음은 시간과 공간을 뛰어넘습니다. 성령은 바람 곧 숨결입니다. 성령은 바람같이 임합니다. 시간과 공간의 제한을 받지 않고 누구든지 믿기만 하면 구원을 받습니다.

예수님은 2천 년 전에 3년 동안 공생애 사역을 하셨습니다. 나병환자와 못 걷는 자를 고치시고 오병이어의 기적을 일으키셨습니다. 물 위를 걸어오셨고, 파도를 잠잠케 하셨습니다.

이렇듯 예수님이 육신의 몸을 입고 계실 때는 반드시 예수님 앞에 나와 소원을 아뢰어야만 했습니다. 예수님이 소원을 들으신 후 그들의 믿음대로 기적을 보여 주셨습니다.

그러나 주님이 십자가 위에서 죽으시고 부활 승천하신 뒤에는 보혜사 성령을 약속하셨습니다. 보혜사 성령은 시간과 공간의 제한을 받지 않으십니다. 누구든지 성령을 믿고 환영하며 모셔 들이면 하나님의 역사가 일어납니다. 내가 주님 안에, 주님이 내 안에 있게 됩니다.

예수님을 영접하고 그 이름을 믿는 자는 하나님의 자녀가 되는 권세를 얻습니다. 하나님의 자녀는 하나님의 상속자입니다.

"너희는 다시 무서워하는 종의 영을 받지 아니하고 양자의 영을 받았으므로 우리가 아빠 아버지라고 부르짖느니라 성령이 친히 우리의 영과 더불어 우리가 하나님의 자녀인 것을 증언하시나니 자녀이면 또한 상속자 곧 하나님의 상속자요 그리스도와 함께 한 상속자니 우리가 그와 함께 영광을 받기 위하여 고난도 함께 받아야 할 것이니라"(롬 8:15-17)

우리는 마귀의 종에서 하나님의 자녀로 신분이 바뀌게 되었습니다. 그렇다면 하나님의 자녀라는 신분에 걸맞은 삶을 살아야 합니다. 먼저 마귀의 종살이하던 옛 습관을 벗어버려야 합니다. 하지만 그게 참 쉽지 않습니다. 옛 습관을 끊어 내려면 그만큼 고난이 따르기 때문입니다.

우리는 이미 법적으로는 하나님의 자녀가 되었습니다. 그렇다면 누구나 하나님의 복을 받는 상속자가 됩니까?

부모의 재산이 아무리 많아도 자녀가 상속 받지 못하는 두 가지 경우가 있습니다. 하나는 자녀가 미성년자인 경우입니다. 미성년자에게는 법정대리인이 필요합니다. 또 다른 하나는 금치산자인 경우입니다. 정신적인 문제가 있으면 재산권을 행사할 수 없습니다.

법적으로는 이미 하나님의 자녀이나 하나님의 상속자가 되지 못해 하나님이 허락하신 것을 누리지 못하는 사람이 있습니다. 누구입니까? 또 누가 하나님의 상속자입니까?

하나님은 언제나 우리의 믿음 위에 복을 주십니다. 하나님이 주시는 복을 누릴 수 있는 유일한 조건은 믿음입니다. 따라서 법적으로 자녀라고 해서 모두가 하나님이 주시는 복을 누릴 수 있는 것은 아닙니다. 믿음이 없다면 그는 하나님의 상속자가 아닙니다.

그러므로 믿음의 그릇을 키워야 합니다. 신앙의 연륜이나 교회의 직분이 믿음의 그릇을 크게 만들지 못합니다. 하나님의 영이신 성령을 받아야 믿음의 그릇이 커집니다.

성령의 능력으로
예수를 믿으십시오

예수님의 이름은 임마누엘입니다. 임마누엘은 '하나님이 우리와 함께하신다'는 뜻입니다. 그런데 예수님이 우리와 함께하신다는 걸 어떻게 알 수 있습니까? 성령이 임하면 압니다.

성령이 임하면 하나님이 내 안에, 내가 하나님 안에 있음을 깨달아 알게 됩니다.

예수님은 승천하시면서 제자들에게 예루살렘을 떠나지 말고 아버지께서 약속하신 것을 기다리라고 하셨습니다. 제자들은 예수님의 말씀에 따라 마가의 다락방에 모여서 기도에 힘썼습니다.

예수님의 승천을 본 사람은 500여 명이었으나 주님의 말씀대로 마가의 다락방에서 기도에 힘쓴 사람은 120명이었습니다. 그리고 이들은 오순절에 주님이 약속하신 성령을 받았습니다.

그런데 성령의 불을 받자 제자들은 누가 먼저라 할 것 없이 예수님의 살아 계심을 증거하고 다녔습니다. 언제나 어디서나 담대하게 복음을 전했고, 핍박을 받아도 변절하지 않고 의연하게 믿음을 지켰습니다.

성령을 받아 담대하게 복음을 전한 그들 덕분에 오늘 우리는 예수님을 알고, 믿고, 복음을 전하러 다니게 되었습니다. 이것이 은혜이고 기적입니다.

예수님이 육신의 몸을 입고 계셨을 때는 시간과 공간의 제약을 받았습니다. 그러나 육체를 입지 않은 성령님은 시간과 공간의 제약을 받지 않으십니다. 누구든지 믿고 순종하면 성령님이 함께하시고 역사하십니다.

어느 목사님은 성령님을 유비쿼터스라고 했습니다. 유비쿼터스는 '언제 어디서나 존재한다'는 뜻의 라틴어 '유비크'(Ubique)에

서 나온 신조어입니다. 성령님은 언제 어디서나 존재하시는 분입니다.

아날로그 시대에는 사람이 직접 손을 사용하고 몸을 움직여서 기계를 사용했습니다. 디지털 시대에는 간단하게 스위치 하나로 기계 조작을 할 수 있습니다.

성령의 불을 받지 않고 자기의 이성과 지성으로 예수를 믿으면 어려움이 있습니다. 전도하기 어렵고, 말씀대로 살기 어렵다면 그는 아날로그 인생입니다. 성령을 받으면 디지털 인생이 됩니다. 모든 것이 간단명료해집니다.

지난 가을 시골에서 벼 수확을 했습니다. 예전에는 벼를 낫으로 베고 말린 다음 탈곡기로 털고 다시 볏짚을 논에 깔아 주는 번거롭고 복잡한 과정을 거쳐야 했습니다. 요즘엔 콤바인 하나면 벼를 거둠과 동시에 탈곡을 하고, 부산물로 나오는 볏짚은 분쇄되어 그대로 논에 깔립니다. 여러 사람이 며칠 동안 구슬땀을 흘리며 매달릴 필요가 없습니다. 혼자서도 얼마든지 여유 있게 할 수 있습니다.

예수를 믿는 것도 마찬가지입니다.

자기의 이성과 지식으로는 예수 믿기가 어렵습니다. 성령의 능력으로 예수를 믿으면 신바람이 납니다. 전도하고 기도하고 예배드리는 것이 마냥 행복합니다. 믿음의 열정과 열심이 마음속 깊은 곳에서부터 끓어오릅니다.

오순절의 복음은 성령 충만한 복음입니다. 성령 충만한 복음은 하나님이 내 안에, 내가 하나님 안에 있다는 것을 의미합니다. 하나님이 나와 함께하신다는 사실이 믿어지면 범사에 감사하게 됩니다. 이 은혜와 믿음으로 사는 우리가 되기를 바랍니다.

Chapter 15

헌신

하나님의 뜻대로 구하면 기적을 경험합니다

성도의 기도는 영적 호흡이며 하나님과의 교통입니다. 하나님은 성도의 기도를 통해서 역사하십니다. 기도의 중요성은 아무리 강조해도 지나침이 없습니다. 예수님도 제자들에게 "너희는 이렇게 기도하라" 하시며 친히 기도를 가르쳐 주셨습니다.

하늘에 계신 우리 아버지여
이름이 거룩히 여김을 받으시오며
나라가 임하시오며
뜻이 하늘에서 이루어진 것같이
땅에서도 이루어지이다

하나님 아버지의 뜻이 하늘에서 이루어진 것같이 땅에서도 이루어지게 해 달라는 기도입니다. 하나님의 뜻은 이미 하늘에서 이루어졌고, 성령님은 성도를 위하여 하나님의 뜻대로 친히 간구해 주십니다.

하나님의 뜻을 따라 기도하는 것은 대단히 중요합니다. 또한 하나님의 뜻을 따라 기도하면 반드시 응답해 주십니다. 그렇다면 하나님의 뜻은 무엇이며 하나님의 생각, 하나님의 계획은 과연 무엇입니까?

하나님의 뜻은 천하만민이
하나님의 자녀가 되는 것입니다

하나님은 천하만민이 예수를 믿고 구원을 얻어 하나님의 자녀가 되기를 원하십니다. 온 천하만물이 하나님의 피조물이기 때문입니다.

하나님이 창조하신 만물 가운데 하나님을 경외하고 영화롭게 할 수 있는 존재는 사람뿐입니다. 하나님의 선하심과 위대하심을 깨닫고 예배할 수 있는 존재 역시 사람입니다.

> "내 아버지의 뜻은 아들을 보고 믿는 자마다 영생을 얻는 이것이니 마지막 날에 내가 이를 다시 살리리라 하시니라"

(요 6:40)

> “모든 사람이 죄를 범하였으매 하나님의 영광에 이르지 못하더니 그리스도 예수 안에 있는 속량으로 말미암아 하나님의 은혜로 값없이 의롭다 하심을 얻은 자 되었느니라 이 예수를 하나님이 그의 피로써 믿음으로 말미암는 화목제물로 세우셨으니 이는 하나님께서 길이 참으시는 중에 전에 지은 죄를 간과하심으로 자기의 의로우심을 나타내려 하심이니”(롬 3:23-25)

누구든지 예수님을 믿으면 멸망하지 않고 영생을 얻습니다. 예수님은 하나님과 우리 사이에 가로막힌 죄의 담을 허시고 우리 죄를 대속해 주셨습니다. 하나님과 끊어진 관계를 회복시키기 위해 스스로 화목제물이 되셨습니다. 이 사실을 믿는 것이 은혜이며 축복입니다.

한국 교회사에서 곤당골 교회는 중요한 의미를 지닙니다. 신분질서 타파와 인권운동의 시작이 이 교회에서 시작되었기 때문입니다.

곤당골 교회는 ‘백정 전도의 개척자’, ‘백정 해방운동의 지도자’로 불리는 사무엘 무어(1846~1906) 선교사에 의해 세워졌습니다. 무어는 46세의 늦은 나이에 아내와 함께 조선에 입국해 양반이 사는 중심가를 버리고 미천한 백성이 사는 구석진 마을로 들

어가 조선말을 배운 뒤 조선말로 설교한 선교사입니다. 그는 초가집에 살면서 쌀밥과 김치로 식사를 했고, 상인과 천민들과 어울렸습니다. 매일 20~30명씩 복음을 전한 그는 마침내 곤당골 교회를 세웠습니다.

1894년 미동 권역 관자골(현 관철동)에 사는 박가라는 백정이 장티푸스에 걸려 사경을 헤맸습니다. 무당에게 굿을 청했으나 효험이 없었습니다. 그 무렵 박가의 예닐곱 살 된 아들 봉주리가 곤당골 교회에 다녔는데, 무어 목사에게 울며 호소해서 무어 목사가 심방 후 고종의 시의였던 에비슨에게 부탁해 그의 목숨을 살렸습니다. 이 박가가 바로 훗날 기독인권운동가가 된 박성춘(1862~1933)이며, 아들 봉주리는 한국인 첫 양의인 박서양(1885~1940)입니다.

병이 낫자 박성춘은 예수를 믿고 무어 목사에게서 세례를 받았습니다. 고종의 시의였던 에비슨이 자신과 같은 천민의 병을 고쳐 주고, 선교사가 낮고 낮은 자신을 사랑과 긍휼로 대하자 감격했던 것입니다. 박성춘은 무어의 제자가 되었고 이후 관자골뿐만 아니라 수원, 평택, 양주, 포천 등의 백정들에게 복음을 전했습니다.

주님은 이 세상 모든 사람이 하나님의 자녀가 되기를 원하십니다. 그러므로 예수 안에서는 남녀노유 빈부귀천이 없습니다.

모두가 하나님의 자녀일 뿐입니다.

태국은 국민의 95%가 불교신자인 나라입니다. 얼마 전 TV에서 태국의 동자승들이 길을 걸으면 거리에 앉아 있는 사람들이 승려가 들고 있는 그릇에 정성스럽게 탁발하는 모습을 보았습니다. 그만큼 태국 국민은 승려를 존경으로 대하고 있었습니다.

그런 태국에서 얼마 전 순복음교회 조용기 목사님과 이영훈 목사님이 TCC(Thailand Christian Center) 초청으로 '태국 축복과 기적의 대성회'를 인도했습니다. 주변의 대만과 홍콩, 인도네시아, 레바논, 파키스탄 등의 목회자와 성도들까지 참석해 복음을 선포한 대성회였습니다. 불교 국가에 하나님 나라의 복음이 전파된 것입니다.

어느 나라 어느 민족이든 하나님의 자녀가 되는 것이 하나님의 뜻입니다.

> "예수께서 신 포도주를 받으신 후에 이르시되 다 이루었다 하시고 머리를 숙이니 영혼이 떠나가시니라"(요 19:30)

십자가에서 돌아가시기 전에 예수님은 "다 이루었다"고 하셨습니다. 신 포도주로 입술을 축이신 것까지도 성경의 예언을 성

취한 것입니다. 예수님의 십자가 고난과 죽음은 하나님의 뜻이 하늘에서 이미 다 이루어졌음을 선언하신 것입니다.

하나님을 영화롭게 하는 일에 인간의 공로나 수고는 필요하지 않습니다. 믿기만 하면 됩니다.

하나님의 뜻은 우리가 복음을 전하는 것입니다

"오직 성령이 너희에게 임하시면 너희가 권능을 받고 예루살렘과 온 유대와 사마리아와 땅끝까지 이르러 내 증인이 되리라 하시니라"(행 1:8)

"그러므로 너희는 가서 모든 민족을 제자로 삼아 아버지와 아들과 성령의 이름으로 세례를 베풀고 내가 너희에게 분부한 모든 것을 가르쳐 지키게 하라 볼지어다 내가 세상 끝날까지 너희와 항상 함께 있으리라 하시니라"(마 28:19-20)

"또 이르시되 너희는 온 천하에 다니며 만민에게 복음을 전파하라 믿고 세례를 받는 사람은 구원을 얻을 것이요 믿지

않는 사람은 정죄를 받으리라"(막 16:15-16)

구원받은 우리는 천하만민에게 나아가 복음을 전해야 합니다. 신분과 성별, 나이와 출신, 재산 유무에 상관없이 천하만민을 제자 삼을 수 있는 자격이 우리에게 주어졌습니다.

그러나 자격증만 소지했을 뿐 실제로 사용하지 못하는 사람이 대다수입니다. 복음 전파의 임명장은 받았으나 복음을 전하지 못하는 것입니다.

예전에는 제가 직접 운전을 하면서 심방을 다녔습니다. 앞자리에 저와 교구장이 앉고, 뒷자리에는 지·구역장들이 앉았습니다. 어느 날 뒷좌석에 앉은 지역장님이 자신의 운전면허는 녹색면허라면서 10년 무사고라고 했습니다. 대단하다고 했더니, 껄껄 웃으며 하는 말이, 운전면허는 있으나 운전 경험이 없는 장롱면허라면서 갱신하러 갔더니 10년 무사고라며 녹색 면허증으로 바꿔 주었다는 것입니다.

이처럼 자격증만 소지한 성도들이 참 많습니다. 수십 년 신앙생활 중에 단 한 명도 전도하지 못한 사람들입니다. 신앙생활은 연륜이나 직분으로 하는 것이 아닙니다. 온 천하만민에게 복음을 전하는 복음의 전령사가 되어야 합니다. 반드시 전도해서 의의 면류관, 칭찬의 면류관을 받아야 합니다.

"누구든지 주의 이름을 부르는 자는 구원을 받으리라 그런즉 그들이 믿지 아니하는 이를 어찌 부르리요 듣지도 못한 이를 어찌 믿으리요 전파하는 자가 없이 어찌 들으리요 보내심을 받지 아니하였으면 어찌 전파하리요 기록된 바 아름답도다 좋은 소식을 전하는 자들의 발이여 함과 같으니라"(롬 10:13-15)

주의 이름을 부르면 구원을 얻고 하나님의 생명책에 그 이름이 기록됩니다. 문제는 주의 이름을 들어 본 일이 없으니 부를 수가 없는 것입니다. 주의 이름을 전하는 자가 없었기 때문입니다. 그래서 아름다운 소식을 전하는 자의 발은 복됩니다. 복음을 듣고 나서 믿고 안 믿고는 듣는 자의 몫입니다. 우리는 다만 전할 뿐입니다.

사도 바울과 실라가 복음을 전하다 감옥에 갇혔을 때 한밤중에 지진이 일어나고 옥문이 열리는 사건이 일어났습니다. 간수장은 죄수들이 모두 도망간 줄 알고 그 책임에 대해 추궁 받을 것이 두려워 차라리 목숨을 끊으려 했습니다. 그때 사도 바울이 간수장을 말려 그의 목숨을 구한 뒤 이렇게 말했습니다.

"주 예수를 믿으라 그리하면 너와 네 집이 구원을 받으리라

하고 주의 말씀을 그 사람과 그 집에 있는 모든 사람에게 전하더라"(행 16:31-32)

간수장과 그의 가족은 주의 말씀을 듣고 예수를 믿기 시작했습니다. 간수장에게 닥친 큰일이 그와 그의 가족을 구원에 이르게 했습니다. 가족 중에서 내가 가장 먼저 예수를 믿었다면 내가 우리 가정의 선교사로 부름 받은 것입니다. 나를 통해서 온 가족이 구원을 받고 아브라함의 복을 받게 되는 것입니다.

"너희는 욕심을 내어도 얻지 못하여 살인하며 시기하여도 능히 취하지 못하므로 다투고 싸우는도다 너희가 얻지 못함은 구하지 아니하기 때문이요 구하여도 받지 못함은 정욕으로 쓰려고 잘못 구하기 때문이라"(약 4:2-3)

우리가 얻지 못하는 것은 구하지 않기 때문입니다. 구하여도 받지 못하는 것은 정욕으로 쓰려고 잘못 구하기 때문입니다. 육신의 정욕과 안목의 정욕, 이생의 자랑이 아닌 먼저 하나님의 나라와 의를 구해야 합니다.

성령님은 우리를 위해 하나님의 뜻을 따라 간구하십니다. 구하지도 않고 구하여도 잘못 구하는 우리를 위해 탄식하며 기도

하십니다.

우리 순복음노원교회는 매주 화요일이면 중보기도회를 갖고 식당에서 장수면으로 점심을 먹은 뒤 교구마다 무리를 지어 전도를 나갑니다. 성도들은 매주 똑같은 국수를 먹는데도 세상에서 가장 맛있는 식사라고 행복해합니다. 하나님의 은혜와 사랑이 있기 때문입니다.

화요중보기도회에서는 성도들이 만나고 체험한 하나님의 은혜를 간증하는 시간을 갖습니다. 그중 누구보다 전도에 열심인 중계3교구 지역장의 인생 모토는 "나가면 있고 안 나가면 없다"입니다. 고통과 핍박 중에도 믿음으로 승리하는 공릉2교구 지역장은 "이 또한 지나가리라"가 인생의 모토입니다.

고난 없는 영광은 없습니다. 눈물 없는 기쁨도 없습니다. 열정 없는 충성은 없습니다. 사랑 없는 헌신도 없습니다. 한 사람의 영혼 구원을 위한 기도는 하나님께서 반드시 응답하십니다. 그것이 하나님의 뜻이기 때문입니다.

하지만 한 사람에 대한 사랑과 열정 없이는 구할 수 없습니다. 하나님의 뜻을 알기에 그 뜻에 충성하고자 하는 열정 없이는 구할 수 없습니다. 복음을 전하다 고난을 당하고 눈물을 뿌릴지라도 사랑과 열정으로 구하십시오. 내가 통로가 되어 가족뿐만 아니라 나라와 민족이 구원받기를 소망하며 구하십시오. 세계가 나로 인해 하나님을 아는 지식이 풍성하도록 구하십시오.

하나님의 뜻은 범사에 감사하는 것입니다

고아로 불우한 어린 시절을 보냈으나 불굴의 의지로 성공한 어느 성악가가 있었습니다. 어렵고 힘든 환경 가운데서도 최선을 다해 공부하는 그를 보고 어느 지인이 선뜻 1억 원을 후원해 유학을 보냈습니다. 지인에게 너무 감사해 그는 유학을 가서도 하루에 10시간 이상 성악 연습을 했습니다. 그러던 어느 날 성대에 이상이 생겼습니다. 아무리 애를 써도 정상으로 돌아오지 않았습니다.

그제야 그는 자신의 모습이 제대로 보이기 시작했습니다. 힘든 환경에도 죽을힘을 다해 공부한 이유도, 유학생활 중에 10시간 이상씩 성악 연습을 한 이유도 모두 자기 자신의 영광 때문이었다는 걸 깨달은 것입니다. 그리고 그제야 불우한 환경에도 공부할 수 있는 힘을 주시고 지인을 통해 더 큰 공부를 할 수 있도록 인도하신 하나님의 은혜가 보이기 시작했습니다. 하나님의 영광을 위해, 하나님을 영화롭게 하기 위해 남은 인생을 사는 것이 그 은혜에 감사하며 보답하는 길임도 알았습니다.

6개월이 지나 목소리가 어느 정도 회복되었으나 오페라나 뮤지컬에 설 만한 완벽한 상태는 아니었습니다. 하지만 그는 실망하지 않았습니다. 하나님의 은혜가 너무나 감사해서 공원을 거닐 때면 자신도 모르게 입에서 노래가 흘러나왔습니다.

그러던 어느 날 여느 때처럼 공원을 거닐며 노래하는데 그의 주변으로 사람들이 모여들더니 노래가 끝나자 환호하며 박수를 보냈습니다. 감사해서 그도 정중히 자신의 모자를 벗어들고 인사를 했습니다. 그러자 사람들이 그가 들고 있는 모자에 돈을 넣었습니다. 덕분에 그는 끼니를 거르지 않고 살 수 있었습니다.

그런 그에게 어느 날 한 사람이 찾아와 명함을 건네며 연락하라고 했습니다. 어느 오페라 극장 대표의 명함이었습니다. 집에 돌아와 전화하니 오디션을 보러 오라고 했습니다. 그동안 수없이 오디션을 보았으나 실패의 연속이었습니다. 그러나 그곳에서는 단번에 합격되어 오페라의 주인공이 되었습니다.

감사가 회복되면 신앙이 회복되고, 문제가 해결되고, 축복의 문이 열립니다.

"항상 기뻐하라 쉬지 말고 기도하라 범사에 감사하라 이것이 그리스도 예수 안에서 너희를 향하신 하나님의 뜻이니

라"(살전 5:16-18)

어느 유명 가수는 수많은 무대에서 노래를 불렀으나 단 한 번도 행복하지 않았다고 합니다. 청중들의 박수와 환호조차 감사하지 않았답니다. 노래 부르고 돈만 받으면 그만이었기에 감사도 기쁨도 몰랐습니다. 그런 그에게 시련이 닥치자 무대도 사라지고 청중의 환호도 사라졌습니다. 그제야 그동안 누리던 모든 것이 하나님의 은혜요 축복이었음을 깨달았습니다. 모든 것을 잃고 나서야 감사가 회복된 그는 이후로 제2의 인생을 살게 되었습니다.

성령님은 하나님의 뜻을 따라 나를 위해서 말할 수 없는 탄식으로 기도해 주십니다. 성령님은 하나님의 사랑을 우리 가운데 물 붓듯 쏟아 부어 주십니다. 성령님은 하나님의 생수가 내 속에서 강같이 흐르게 하십니다.

"오직 하나님이 성령으로 이것을 우리에게 보이셨으니 성령은 모든 것 곧 하나님의 깊은 것까지도 통달하시느니라 사람의 일을 사람의 속에 있는 영 외에 누가 알리요 이와 같이 하나님의 일도 하나님의 영 외에는 아무도 알지 못하느니라 우리가 세상의 영을 받지 아니하고 오직 하나님으로부터 온 영을 받았으니 이는 우리로 하여금 하나님께

서 우리에게 은혜로 주신 것들을 알게 하려 하심이라"(고전 2:10-12)

범사에 감사하면 하늘 문이 열립니다. 아름다운 행복의 동산이 가꾸어집니다. 내 속에 있는 온갖 부정적인 것들이 일순간에 사라집니다. 범사에 감사하면 웃음꽃이 피어나고 열매 맺는 인생으로 변화됩니다. 축복의 통로, 사랑의 통로가 되는 것입니다. 모든 사람에게 나누고 베풀고 섬기는 복된 인생이 됩니다. 그것이 하나님의 뜻이기 때문에 그렇습니다.